Bodo F. Hagen
War es Liebe?

13 Erzählungen

Bodo F. Hagen

War es Liebe?

13 Erzählungen

Re Di Roma-Verlag

Bibliografische Information der Deutschen Nationalbibliothek:
Die Deutsche Nationalbibliothek verzeichnet diese Publikation in der Deutschen Nationalbibliografie; detaillierte bibliografische Daten sind im Internet über http://dnb.ddb.de abrufbar.

ISBN 978-3-86870-675-8

Umschlag- und Innenillustrationen:
M. Odin Wiesinger

www.rediroma-verlag.de
10,95 Euro (D)
11,50 Euro (A)

Inhalt

Hermann Löns 1866-1914

War es Liebe?

Das Grünkohlessen

Eine beinahe ausgelassene Stimmung lag über dem Tisch, auf dem eine riesige Schüssel Grünkohl dampfte. Die Dame des Hauses teilte Kohl und Salzkartoffel aus, der Hausherr schenkte Wacholderschnaps und Bier ein. Vier Damen und vier Herren saßen am Tisch; auf dem ersten Blick schien eine sehr inhomogene Tafelrunde zusammen gekommen zu sein, keine Dame gehörte zu einem der Herrn, die jüngste war gerade Anfang dreißig, der älteste Herr schon über fünfzig. Der Gastgeber war trotz seiner vierzig Jahre noch unverheiratet und so hatte er Frau Elke gebeten, für heute die Pflichten einer Dame des Hauses zu übernehmen. Wir hatten uns bei einer Feier am Lönsstein im niederösterreichischen Pulkau kennen gelernt, einige kannte sich aber schon von früher. Frau Almut, die zum ersten Mal an der Lönsfeier teilgenommen und dort einige Lönslieder vorgetragen hatte, wurde fast enthusiastisch beklatscht. Nach so vielem verdientem Beifall bat sie unser heutige Gastgeber, Herr Frank-Dieter, auch einmal bei einem privaten Lönsabend zu singen. Frau Almut sagte spontan zu, und so war es zum heutigen Abend im Hause unseres Lönsfreundes gekommen.

Der Hausherr hatte ein Lönssches Essen zubereitet: Grünkohl mit Kasseler, in Österreich sagt man allerdings Selchkarree, Bremer Pinkel und Mettwurst; die Pinkel hatte ihm ein Bekannter aus Bremen per Eilpost gesandt. Dem Bier und auch dem Wacholderschnaps wurde fleißig zugesprochen, war doch das kräftige Grünkohlgericht nur in dieser Begleitung nach Lönsscher Weise zu genießen.

Nach dem Essen setzte sich der Hausherr ans Klavier und begleitete Frau Almuts Gesang. Ihre einfühlsame Stimme, das vorzügliche Essen und nachher die ausgesuchten Weine brachten die Stimmung von einem Höhepunkt zum anderen. Einige Herren hatten sich schon Zigarren angebrannt, auch Frau Elke rauchte, freilich eine Zigarette. Über die Liebe in Liedern und Romanen von Hermann Löns wurde diskutiert, und da griff Frau Almut zur Gitarre und stimmte das bekannte Lönslied „Rosemarie, Rosemarie, sieben Jahre mein Herz nach Dir schrie" an, das sie vorher nicht gesungen hatte, aber schon nach den ersten Worten fielen wir alle in den Gesang ein.

Ob sich Löns tatsächlich sieben Jahre nach seiner Rosemarie gesehnt hätte, ohne diese wenigstens einmal in den Armen gehalten zu haben, bezweifelte Herr Riemann. Wie schnell verliebe man sich, ob die Liebe nicht auch von der Kraft der Werbung um sie abhängig sei und ob sie von beiden nicht gleich stark erlebt werden müsse?

Jeder hatte eine andere Meinung. Aber da doch hinter jeder Meinung eine ganz persönliche Erfahrung stehe, werden doch alle Meinungen zutreffen, meinte Frau Elke, und sie machte den Vorschlag, jeder möge doch seine Ansicht mit einer Geschichte, am besten mit einer selbst erlebten, beweisen.

Der Vorschlag wurde von allen mit spontanem Händeklatschen begrüßt, niemand wollte sich ausschließen. Frau Almut begann als erste zu erzählen.

Im Dreieck der Verehrer

Ich weiß sehr wenig aus dem Leben des Hermann Löns, ich kenne und liebe aber seine Lieder. Oft aber habe ich mich schon gefragt, welche persönlichen Erlebnisse hinter den Texten zu suchen seien. Sicher war Löns kein schüchterner Traumichnicht, seine Lieder erzählen anderes. Ich denke, dass in der Liebe jeder junge Mann den Feuerring zu seiner Angebeteten überspringen muss, wie ihn Wagner um Brünhilde gelegt hat. Wenn der Richtige den Feuerring überspringt, öffnen wir die Arme und schließen die Augen vor lauter Glück, aber der Schüchterne wird nie springen; ich habe in einem Sommer beides erlebt.

Nach der Matura machte ich noch eine Ausbildung zur Bankkauffrau und gleichzeitig nahm ich Gesangsstunden. Erst als ich erkannte, dass die Gesangsausbildung nur schwer zu einem Beruf führen würde, fand ich Zeit, meiner anderen Liebhaberei nachzugehen, dem Turnen. Ich plante meinen Sommerurlaub, um an dem Lehrgang „Geräteturnen“ am Turnersee teilnehmen zu können.

Wir Kursteilnehmer kannten uns fast alle, wie oft waren wir uns schon bei Bergturnfesten, Landesmeisterschaften oder auch bei privaten Gelegenheiten begegnet. Als wir schon am ersten Tag des Kurses, nach einer theoretischen Einführung, Hilfestellung am Barren übten, machte ich die Bekanntschaft der Brüder Viktor und Anton. Beide hatten Erfahrung im Barrenturnen, so fiel mir das besondere Engagement der Brüder vorerst gar nicht auf. Nach jeder Übung, bei der mir Viktor Hilfe geleistet hatte, fand Anton irgendetwas auszusetzen und ich musste die Übung wiederholen, wobei mir dann Anton Hilfe leistete. Bei der nächsten Übung war es gerade umgekehrt, die beiden tauschten lediglich die Reihenfolge, aber Kritik übte jeder an dem anderen. Nach meiner Meinung fragte weder der eine noch der andere. Selbst mein Hinweis, dass ich doch selbst beurteilen könne, ob die Hilfeleistung, die Klammer- und Stützgriffe optimal gewesen seien, änderte das Verhalten der Brüder nicht. Auch in der Freizeit wichen die beiden nicht von meiner Seite.

Im Lager herrschte ein sehr kameradschaftlicher Ton und die Mädchen zeigten eher ein burschikoses Verhalten, als das von angehenden jungen Damen. Wir bewegten uns völlig ungezwungen, die Burschen waren in erster Linie Turnbrüder, dass sie auch Männer waren, hatten viele von uns Mädchen einfach weggesteckt; obwohl wir uns irgendwann schon alle einmal nackt gesehen hatten. Trotzdem hatten sich schon manche Pärchen gefunden oder waren auf dem Weg zueinander. Beim gemeinsamen Singen am Abend war neben der kameradschaftlichen Stimmung auch das andere zu spüren, im flackernden Schein neben dem großen Lagerfeuer hielten sich einige an den Händen, und auch Küsse wurden getauscht.

Ich war gerade Zwanzig geworden, eine unbestimmte Sehnsucht nach Liebe, nach Zärtlichkeit wurde besonders beim Singen einiger Lönslieder in mir wach. Auch am Lagerfeuer waren die beiden Brüder bei mir, einer rechts, der andere links von mir. Sprach ich mit Viktor unterbrach sicher Anton bei der ersten sich bietenden Gelegenheit unser Gespräch und erzählte mir seine Eindrücke, solange bis Viktor wieder das Gespräch an sich riss. Es war mir klar, beide waren in mich verliebt, und jeder wachte argwöhnisch über den anderen, dass dieser mir nicht zu nahe kommen würde.

Viktor studierte Germanistik und Turnen, Anton Physik an der Technischen Universität. Trotz seines technischen Studiums war Anton der Feinfühligere der beiden, er beschäftigte sich mit französischer Literatur, vielleicht oder gerade deswegen, weil Viktor Germanistik studierte. Das Repertoire seiner Komplimente war unerschöpflich, er verstand es, alles, was ich sagte oder tat in ein Kompliment gekleidet zu kommentieren. Viktor war der Ernstere der beiden, vor allem aber auch der Sachlichere. Oft, wenn Anton mir ein schön gedrechseltes Kompliment machte, sagte Viktor: „Nachzulesen bei Stendhal oder Francoise Sagan." Er las, offenbar aus Prinzip, dieselben Bücher wie sein Bruder, jedoch stets nach ihm. Als am zweiten Tag ein Gewitterregen nieder ging, wir saßen unter dem Dach einer offenen Veranda, sah mir Anton in die Augen und deklamierte:

„Mein Herz weint, so wie es regnet auf das Land, welche Sehnsucht ist es, die in mein Herz dringt?"

Ich wollte gerade Anton bitten, die Verse zu wiederholen, als Viktor schon seinen Kommentar einwarf:

„Sehr frei, nach Arthur Rimbaud. Langueur wird in der deutschen Ausgabe allerdings mit Schmerz und nicht mit Sehnsucht übersetzt."

„Nein, nicht Rimbaud, sondern Paul Verlaine, und Sehnsucht ist die bessere Übersetzung, auch wenn sich Schmerz auf Herz reimt!"

Die von Anton zitierten Verse hatten meine Stimmung poetisch eingefangen und während er noch sprach überlegte ich, wem meine Sehnsucht gelte, aber Viktor hatte die von Anton aufgebaute Atmosphäre völlig kaputt geredet.

Die beiden waren sich sehr ähnlich, im Aussehen, und selbst ihre Stimmen waren einander so gleich, dass ich sie nicht voneinander unterscheiden konnte, lediglich am Inhalt ihrer Reden konnte ich sehr bald die beiden auseinanderhalten, denn Anton war der Gefühlvollere. Viktors kritische Intelligenz konnte besser eine Stimmung analysieren, als eine solche aufbauen. Anfangs fiel es mir kaum auf, aber es war nicht mehr zu übersehen, viele Turnschwestern und Turnbrüder machten sich über mich und meine zwei „Trabanten", wie man die Brüder nun nannte, lustig. Unsere beste Turnerin, die ihre Erfolge am Gerät sicher ihrer maskulinen Körperausstattung verdankte, aber keinen Verehrer hatte, war besonders spitzzüngig. Mich nannte sie das noch nicht gravide Gravitationszentrum der Brüder. Ich begann mich über meine Trabanten zu ärgern, ich hatte Sehnsucht nach Küssen, Flirten und Liebe bekommen, das war jedoch mit den beiden, jedenfalls zusammen, unmöglich.

Der Lehrgang war zu Ende gegangen, ich hatte viel gelernt und auch die Unterhaltung war nicht zu kurz gekommen. Dass die Liebe wieder an mir vorbeigegangen war, lag vielleicht doch an mir, obwohl ich wusste, dass ich den Burschen sehr gut gefiel; fast täglich sagte es mir einer, oft auch mehrere. Die Brüder luden mich nach dem Kurs zu einem verlängerten Wochenende an den Attersee ein. Dort besaßen die Eltern von Anton und Viktor ein Haus direkt am See, mit Bootssteg und auch ein Segelboot lag dort. Ich willigte ein, ja ich freute mich auf den schönen Ausklang des Lehrganges am See.

Es war herrliches Wetter am Attersee, wir waren den ganzen Tag im Boot draußen auf dem See. Die beiden brachten mir auch die Grundbegriffe des Segelns bei. Abends wurde gegrillt, wir tranken Wein und sangen Lieder. Die Spannung zwischen den Brüdern konnte ich hier noch deutlicher spüren als im Turnerlager. Ich war der Mittelpunkt des Spannungsfeldes; die Brüder richteten ihr eifersüchtiges Verhalten zueinander ausschließlich nach ihren eigenen Wünschen und nach ihren Erwartungen, die sie von mir erhofften. In ihrem beinahe lautlosen Kampf um mich, war ich selbst zur Statistin geworden, jeder versuchte, mich von der Beeinflussung des anderen fernzuhalten, was in mir das bedrückende Gefühl erweckte, nicht mehr frei zu sein.

Es war Neumond, die Luft in dem sehr kleinen Zimmer, in dem mein Bett stand, war zum Schneiden, es wurde immer enger um mich, ich konnte nicht einschlafen. Da schlich ich leise hinaus ins Freie, setzte mich auf den Bootssteg und ließ meine Füße im Wasser baumeln. Die Konturen der nächsten Umgebung waren zu einer dunklen, ununterscheidbaren Wahrnehmung ineinandergeflossen. Der Himmel war wolkenverhangen. Vom gegenüber liegenden Ufer leuchteten einzelne Lichter und malten lange helle Lichtstreifen ins Wasser, die wie lange Finger einer ausgestreckten Hand ans andere Ufer zeigten, jedoch nicht bis zu uns herüber fanden. Die sanften Wellen plätscherten leicht gegen die Planken des Segelbootes, ich stellte mir vor sie küssten einander an der Bordwand. In dem leichten Wind, der vom Wasser her wehte, löste sich langsam meine Beklemmung. Das laute Quaken der Frösche und das Zirpen der Grillen am Seeufer spielten die Melodie einer romantischen Sommernacht, da setzte sich einer der beiden Brüder neben mich auf den Bootssteg. Ich machte eine Bemerkung über die absolute Finsternis.

„Ja, es ist absolut finster“ sagte mein Nachbar; welcher der Brüder war es nun?

Da sagte er, dass er nur das Leuchten meiner Augen wahrnehmen könne, ja vielleicht eher spüren, als tatsächlich sehen, dabei fasste er meine Hand. Ich war sicher, dass es der romantische Anton sei, ich beugte mich zu ihm hin und flüsterte:

„Küss, mich Anton!“

Er stand auf und sagte: „Ich bin nicht dein Anton, ich bin Viktor“

Als ich am nächsten Morgen aufstand, war Viktor bereits abgereist. Anton sagte pikiert

„Und gestern wolltest du Viktor küssen!“

Ich antwortete nichts, auch nicht, dass ich ja ihn küssen wollte und ihn nur mit seinem Bruder verwechselt hatte. Ich packte meinen Koffer, schleppte diesen bis zur nächsten Busstation, die war weit genug vom Haus entfernt und fuhr nach Wien nach Hause.

Einige Wochen später, im August, besuchte ich ein Sommernachtsfest des Turnvereins, das aber eigentlich ein Dirndlball war. Vater hatte mir extra für diesen Ball ein schickes Dirndl gekauft, es stand mir prächtig. Vielleicht machst du darin eine Eroberung, scherzte Mutter, als ich das Haus verließ.

Ein Dirndlball vermittelt nicht die knisternde Atmosphäre eines noblen Balles im bodenlangen Abendkleid, das Dirndl macht die Stimmung legerer, etwas rustikaler, ich denke so ein bisschen wie Bergturnfest, wie beim Volkstanz. Ich plauderte mit einer ehemaligen Schulfreundin, als beide Brüder auf mich zukamen. Ich hatte sie schon von weitem gesehen; sie führten gemeinsam eine Dame, der eine am rechten, der andere am linken Arm. Beide grüßten mich durch Kopfnicken, sie sahen dabei, so schien mir, verlegen drein, als wenn der Gruß für sie peinlich sei. Die Erinnerung an die beiden verdarb mir doch etwas die Ballstimmung und das muss man mir deutlich angesehen haben.

Ein großer junger Mann, mit einer feuerroten Narbe auf der linken Wange, war vor mich getreten und sprach mich an.

„Sie sehen aber nicht fröhlich drein, das passt weder zu Ihrem feschen Dirndl noch zu Ihnen selbst. Kommen Sie, tanzen wir."

Ich antwortete nicht, aber trotzdem reichte ich ihm die Hand und wir tanzten und tanzten und tanzten, bis mir nach einem endlosen Walzer, er tanzte nur Linkswalzer, beinahe der Atem ausging. Er führte mich an die Sektbar und als er sein Glas erhob meinte er:

„Nun sehen Sie schon viel fröhlicher aus."

Mein Tänzer, er hieß Gerfried, war Student und Burschenschafter. Als er erzählte, dass er auch dem Turnverein angehöre, duzten wir uns. Dann tanzten wir wieder. Einen langsamen Walzer tanzte ich mit geschlossenen Augen.

„Jetzt träumst du, dass ich dich küsse" flüsterte mir Gerfried ins Ohr.

„Würdest du das wollen?" fragte ich, absichtlich verwendete ich den Konjunktiv, es sollte nicht wie eine Einladung klingen.

„Seit ich mit dir tanze denke ich an nichts anderes mehr!"

Da gab ich ihm einen leichten Klaps auf den Oberarm und sagte

„Schieß nicht übers Ziel!"

„Über welches Ziel?"

„Mit mir zu tanzen!"

Als Viktor, aber vielleicht war es auch Anton, mich um einen Tanz bat, sagte Gerfried, dass Almut alle Tänze ihm versprochen habe.

„Willst du das Almut selbst entscheiden lassen, Gerfried!" antwortete Viktor sichtlich gereizt, der Gerfried aus dem Turnverein kannte. Da nahm mich Gerfried in seine

Arme und wir tanzten Viktor davon. Der Ball ging zu Ende und da fragte Gerfried, oder vielmehr stellte er fest:

„Ich bringe dich nach Hause“ und er bestellte ein Taxi. Dies war mir peinlich, da ich bemerkt hatte, dass er vorher in seiner Brieftasche nachsah, ob er noch ausreichend Geld hierfür habe.

„Aber ich bezahle das Taxi“ sagte ich.

Er antwortete nichts, und als wir ankamen bezahlte er trotzdem das Taxi, stieg aus und begleitete mich zu unserem Haus. Das Gartentor quietschte wie immer und als ich den Haustorschlüssel in meinem Necessaire suchte, begann Rüdan, der Schäferhund meines Vaters, hinter der Haustür zu bellen; er verbellte wohl den ihm unbekannten Gerfried. Bevor ich den Schlüssel anstecken konnte, nahm mich Gerfried in seine Arme, drückte mich an sich und küsste mich. Trotz Hundegebell ließ er sich nicht stören, ich fühlte mich wie aufgehoben, als würde ich schweben.

Es war der erste Kuss meines Mannes.

* * *

Herr Fritz Seewald hatte aufmerksam zugehört, oft veränderte sich seine Miene, als ob er an der Erzählung Anteil teilnehmen würde. Er ergriff aber als Nächster das Wort.

Der Liebesbrief

„Im Sturm erringt er den Minnesold!" heißt es in einem Gedicht Friedrich Schillers. Der Schüchterne schreibt Briefe, sagte mir einmal eine ältere Dame, ich stimmte ihr nicht zu, aber vielleicht hatte sie doch recht, heute mehr denn je, wenn sie auch nicht mehr auf Papier geschrieben werden. Seine Liebste beim Tanzen kennen zu lernen, ist sicher die schönste Weise, eine Liebe zu beginnen. Heute lernen sich viele junge Leute über das Internet kennen, das geht schnell. Man sendet Fotos, beschreibt sich selbst und seine Hobbys und gibt auch in den Text seine Wünsche an den möglichen Partner ein, und schon ist die Beziehung hergestellt. Handgeschriebene Liebesbriefe sind aus der Mode gekommen, Handy und SMS sind ihre modernen Nachfolger. Das ist doch auch eine Art Brief, nur sehr viel unpersönlicher. Ganze Bibliotheken gibt es mit den gesammelten Liebesbriefen berühmter Männer und Frauen. Eine Liebesbeziehung ohne Liebesbriefe war früher doch undenkbar. Ein dickes Päckchen mit rosa Schleife zusammengebundener Briefe meines Großvaters an seine Frau, meine Großmutter, habe ich noch immer bei meinen Familiendokumenten. Einige habe ich gelesen und ich glaube, dass damals diese Briefe ein unverzichtbares Accessoire jeder Liebe waren. Nachrichten über Handy und SMS werden nicht aufgezeichnet, vielleicht ist das auch ein Grund, warum moderne Liebesbeziehungen oft nur von kurzer Dauer sind.

Doch die interessanteste und schönste Liebe meines Lebens verdanke ich ausgerechnet einem Liebesbrief und noch dazu einem, der gar nicht an mich gerichtet war, sondern an den schüchternen Verehrer einer schönen Frau.

Aber eigentlich war es auch gar kein richtiger Liebesbrief, es war die lapidare Aufforderung, zu einer angegebenen Zeit in einem bestimmten Hotelzimmer zu sein.

Zu meinem 35. Geburtstag schenkten mir Freunde ein Wellness-Wochenende in der Therme Laa an der Thaya. Nach einigem Zögern entschloss ich mich, den Urlaub auch anzutreten, allerdings buchte ich noch einige Tage dazu, es war die Karwoche, die Woche vor Ostern. Da in diesem Jahr Ostern auf Mitte April fiel, war das Wetter schon frühlingshaft, sonnig und warm.

Schon am ersten Tag lernte ich beim Joggen eine hübsche, sportliche Dame kennen. Ich hatte sie eingeholt, als sie gerade auf der Bachwiese die dort für diese Station vorgeschriebenen Gymnastikübungen machte. Als ich stehen blieb und ihr unschlüssig zusah und überlegte, ob ich auch diese Übungen machen solle, rief sie mir zu, mich nicht zu zieren, sondern mitzumachen. Beim Abendessen trafen wir einander wieder und machten uns auch gegenseitig bekannt; sie hieß Eva und war aus Wien. Es war ein amüsanter Abend, den wir plaudernd verbrachten. Am nächsten Morgen trafen wir schon vor dem Frühstück auf dem taunassen Freizeitparkour zusammen.

Ich begann mit Eva zu flirten, aber ihre Antworten auf meine Anbandelversuche waren eher distanziert, doch war sie sicher nicht ganz abgeneigt, unser Gespräch in diese Richtung fortzusetzen. Aber dass sie eher auf Wellness aus war, denn auf einen Flirt, gab sie mir doch deutlich, wenn auch mit Augenzwinkern, zu verstehen. Als wir uns nach dem Mittagessen verabschiedeten fragte ich sie, ob wir uns heute noch sehen würden. Ja, antworte Eva, aber nur wenn ich pünktlich sei.

Am späten Nachmittag überreicht mir die Dame an der Rezeption einen an mich adressierten Brief, der hier abgegeben worden war.

„20 ,00 h, Zimmer 212, bring was zum Trinken mit. E.“

Ich schwebte im siebenten Himmel, das war der Hinweis der Joggerin Eva auf meine Pünktlichkeit, denn dass der Buchstabe „E.“ nur ein Kürzel für Eva sein konnte, bezweifelte ich keinen Augenblick. Dass sie mich in ihrem Schreiben duzte, fand ich im Zusammenhang mit der Einladung als weiteres erfreuliches Indiz ihrer Zuneigung.

Um pünktlich um acht Uhr an Evas Tür klopfen zu können, ging ich bereits um sechs Uhr zum Abendessen und nicht wie gestern erst gegen sieben. An der Salatbar traf ich mit Eva zusammen. Das sei doch nicht zufällig, meinte sie und dann sagte sie noch:

„Nun sehen wir uns, weil Sie pünktlich waren“ und zwinkerte mir vielsagend zu.

Meine Phantasie begann Kapriolen zu schlagen. Pünktlich um acht Uhr klopfte ich leise an die Tür zu Zimmer 212.

„Komm herein und verschließ die Tür hinter dir“ hörte ich die Stimmer Evas.

Als ich ins Zimmer trat war Frau Eva offenbar im Badezimmer, dessen Tür halb offen stand. Ich hatte ein Flasche Champagner mitgebracht, und als ich diese öffnete und gerade die Gläser, die auf der Minibar standen eingoss, trat Eva aus dem Badezimmer, ich stand mit dem Rücken zur Badezimmertür. Da überschlug sich ihre Stimme geradezu hinter mir.

„Was suchen Sie hier, verlassen Sie sofort mein Zimmer!“

Ich drehte mich um, und nun blieben mir die Worte im Hals stecken; die hübsche Dame „E." war nicht Eva.

„Ich habe Ihren Brief erhalten" erklärte ich mit stockender Stimme.

Da klopfte es an der Zimmertür. Ihre Verblüffung wegen meiner Anwesenheit in ihrem Zimmer änderte sich in Bestürzung, beides war deutlich im Gesicht von Frau E. zu sehen. Als sich das Klopfen wiederholte und eine Männerstimme forderte:

„Elvira, mach doch schon auf!" legte Frau Elvira ihren Zeigefinger auf ihre Lippen und bedeutete mir still zu halten. Als unmittelbar darauf das Zimmertelefon läutete hob sie nicht ab, fragte mich jedoch mit gedämpfter Stimme:

„Welchen Brief meinen Sie?"

Ich zeigte ihr den mir von der Rezeptionistin übergebenen Brief.

„Der ist an Herrn Seewald gerichtet, das sehen Sie doch, wie kommen Sie zu dem Brief."

„Der Brief ist an mich gerichtet, ich heiße Seewald!"

Da setzte sie sich auf den neben dem kleinen Tisch stehenden Sessel nieder, legte die Hand vor ihre Stirn und begann fast hysterisch zu lachen.

„Sie sind Herr Seewald? Der Brief war an einen anderen Seewald gerichtet. Daß ein zweiter Hotelgast desselben Namens hier wohnt, konnte ich nicht wissen."

„Sie schreiben an den anderen Seewald einen Brief, bestellen ihn auf ihr Zimmer, und dann öffnen Sie ihm nicht einmal die Tür?"

Da lachte sie wieder auf, aber gleich darauf wurde ihre Miene wieder ernster, sehr ernst.

„Setzen Sie sich zu mir, ich denke, jetzt bin ich Ihnen eine Erklärung schuldig."

Frau Elvira war eine brünette, hochgewachsene Frau, etwa Mitte Dreißig. Ihr sehr weiblicher Körper zeichnete sich unter dem engen roten Strickkleid deutlich ab, das Kleid zeigte mehr als es verhüllte. Ihr langes Haar trug sie offen, es fiel bis über ihre Schultern. Sie war eine sehr hübsche Frau.

Nun erzählte Frau Elvira, dass sie den anderen Seewald, der gerade an die Tür geklopft habe, erwartet hatte.

„Es geht Sie wirklich nichts an, aber Sie sind doch nur aus meinem Verschulden in meine persönlichen Kalamitäten hineingezogen worden. Was denken Sie von mir? Ich habe einen Mann, nicht meinen Ehemann, auf mein Zimmer bestellt, und als Sie früher kamen als er, veranlasse ich Sie zu bleiben. Ich bitte Sie, denken Sie nicht schlecht von mir, ich finde aus meinem Unglück nicht mehr heraus."

Frau Elvira sah mich stumm an, sie hatte nun Tränen in den Augen, sie begann mir leid zu tun, aber wenn ich sie in ihrem hautengen roten Kleid ansah, kam ich doch auf andere Gedanken, als sie zu bemitleiden.

„Trinken Sie ein Glas Champagner mit mir, eingeschenkt habe ich schon!"

Wir stießen mit den Gläsern an und langsam wagte Frau Elvira wieder ein Lächeln.

„Ich bin verrückt, ich weiß es!"

Nun hatte sie wahrscheinlich ihr Gleichgewicht wieder gefunden. Ich dachte, dass es nun das Beste sei zu gehen, doch Frau Elvira bat mich zu bleiben. Sie müsse mir den Grund ihres exaltierten Verhaltens sagen, sonst würde ich gewiss mit einer schlechten Meinung ihr Zimmer verlassen. Sie trank ihr Glas leer und als ich dieses wieder vollfüllte, trank sie es wieder in einem Zug aus. Ihre Wangen hatte der Alkohol etwas gerötete, vor allem schien es mir, dass er ihr Mut gemacht hatte, mir, einem fremden Mann, ihre Ehegeschichte zu erzählen.

„Mein Mann betrügt mich schon seit zwei Jahren mit einer früheren Mitarbeiterin meiner Apotheke, was er aber immer bestreitet. Von einer Scheidung will er nichts wissen, er sagt wegen unseres Sohnes, aber sicher hat er Angst, seine wirtschaftliche Basis, meine Apotheke, zu verlieren.

Da lernte ich auf einer Reise Herrn Seewald kennen. Nach und nach erzählte ich ihm meine traurige Ehegeschichte. Dass er mich verehre, ja, das sah ich sofort. Er ist ein sehr zurückhaltender Mann aber trotzdem er mir schon öfters seine Zuneigung gestanden hat, entwickelte sich daraus keine Beziehung. Wir treffen uns öfters, er drängt auf mehr. Den Osterurlaub hier haben wir gemeinsam geplant. Heute wollten wir, wie immer, einfach plaudern, vielleicht spielte ich aber diesmal auch mit den Gedanken auf etwas mehr. Ich war vor ihm im Hotel angekommen und da ich mein Handy zu Hause vergessen habe, schrieb ich den Brief. Als ich ihn beim Abendessen traf, wusste er von dem Brief nichts, er hatte ihn nicht erhalten, den hat ja die Rezeption Ihnen gegeben. Ich lud ihn nun mündlich ein, und er versprach, um acht Uhr auf mein Zimmer zu kommen. Sie sind ihm um eine Minute zuvor gekommen. Ich konnte ihn doch nicht ins Zimmer lassen, wo Sie bereits die Gläser vollschenkten."

„Wäre ich nicht pünktlich gewesen, würde mein Namensvetter Seewald vor mir an der Zimmertür 212 gewesen sein! Das war der Zufall im Zufall! Ja, nun bin ich hier. Sie werden sich wundern, dass ich, ohne Sie zu kennen, gekommen bin! Ich habe ihre Nachricht vom Hotelportier erhalten und bezog diese auf eine Dame, mit der ich beim

Joggen geflirtet hatte, auch ihr Name beginnt mit „E“. Ich war fest überzeugt, dass meine Joggingpartnerin den Brief geschrieben hätte, besonders als sie beim Abendessen noch eine Bemerkung über meine Pünktlichkeit gemacht hatte.“

Nun lacht Frau Elvira wieder. Ich war aufgestanden, um die Gläser nachzufüllen.

„Setzen Sie sich wieder“, sagte sie leise und lächelte mich dabei an „das ist ja eine Verwechslungskomödie wie in einem Boulevardstück der Jahrhundertwende.“

„Trinken wir den Champagner, weder Ihre noch meine Erwartungen haben sich erfüllt!“

Wir stießen mit den Gläsern an, aber dann wurde Frau Elvira doch wieder melancholisch, ja, je länger sie über ihre kaputte Ehe sprach, umso anklagender, umso kälter wurde ihre Ausdrucksweise. Den Champagner hatten wir schon längst ausgetrunken, da holte sie aus der Minibar zwei Piccolosekt und wir konnten uns wieder zuprosten. Frau Elvira bat mich wiederum zu bleiben, sie wollte keinesfalls, dass mich der andere Seewald aus ihrem Zimmer kommen sehe. Für den nächsten Tag planten wir einen gemeinsamen Lauf auf dem Fitness-Parkour entlang der Thaya.

Am nächsten Vormittag war Frau Elvira pünktlich zur Stelle, ihren Verehrer hatte sie gebeten, nach Hause zu fahren. Der gestrige Abend bei Frau Elvira hatte meine Phantasie beflügelt, und dass sie ihren Verehrer fortgeschickt hatte, machte mich sicher, sie erobern zu können. Ihre Grundstimmung war aber traurig, melancholisch. Sie brauchte keinen geduldigen Zuhörer für die Klagen über ihre enttäuschte Ehe, sondern jemanden, mit dem sie vergessen konnte und den heutigen Tag leben konnte.

„Sie müssen sich nicht trösten lassen, stecken Sie weg, was nicht zu ändern ist, richten Sie ihren Blick nach vorne. Laufen Sie!"

„Nein, nachdenken in Ruhe ist für mich die beste Erholung!"

„Sie müssen sich ein taktisches und auch ein strategisches Ziel setzen. Kommen Sie, laufen wir bis zu dem Baum am anderen Ende des Sees. Sie brauchen ein Ziel, das ihren Willen fordert!"

Außer Atem kam sie bei dem bezeichneten Baum an. Nach kurzer Rast liefen wir weiter und mussten einen Graben queren; ich sprang über diesen, Frau Elvira traut sich nicht.

„Na, diese zwei Schritte werden Sie springen können!"

Frau Elvira sprang und ich fing sie in meinen Armen auf, an meinem Oberkörper gelehnt hielt ich sie fest. Als sie ihren Blick zu mir erhob, küsste ich sie.

„War das nun taktisch oder schon strategisch?"

„Die Taktik muss sich dem Gelände anpassen, aber ja, es war auch Taktik."

„Und was wird Deine Strategie sein?"

„Deine Liebe zu gewinnen".

Nach dem Abendessen lud sie mich ein, wieder auf ihr Zimmer zu kommen. Ihr Verehrer war wahrscheinlich abgereist.

„Und wenn Herr Seewald doch wieder anklopft, was dann?" fragte sie.

„Er wird nicht kommen, schüchterne Männer haben noch nie schöne Frauen erobert".

Zwei Jahre lang war Frau Elvira meine Geliebte, ihr Mann wusste um unsere Liaison, wir sind uns jedoch nie begegnet, er kennt nicht einmal meinen Namen. Dann ist ihr Mann von seiner Geliebten verlassen worden und er kehrte in seine Ehe zurück, Elvira nahm ihn wieder auf, hauptsächlich wegen des gemeinsamen Kindes.

Wir trafen uns noch einmal zum Abschied.

„Meine Gedanken sind oft bei Dir“, sagte sie, „ja, eigentlich jeden Tag, aber es geht nicht mehr, es darf nicht sein.“

Ein Jahr nach unserer Trennung traf ich sie beim Schifahren in Lackenhof am Ötscher. Ihr Mann habe wieder eine Geliebte, erzählte sie. Elvira wollte abends wieder nach Hause, nach Wien fahren. Es begann schon dunkel zu werden, der kurze Dezembertag ging zu Ende. Die Freude über unsere zufällige Begegnung war ihr deutlich ins Gesicht geschrieben; es fiel mir nicht schwer sie zu überreden, übers Wochenende in Lackenhof zu bleiben. Sie zog zu mir in mein Zimmer. Ich hatte schon bei meiner Ankunft im „Gasthof zur Linde“ ein Zweibettzimmer gemietet, denn freie Einbettzimmer gab es nicht. Unsere Liebe setzten wir fort, als wären wir nie getrennt gewesen. Elvira war im letzten Jahr unglücklicher geworden, als sie es vor unserer Beziehung gewesen war; sie hatte stark abgenommen, ich sah die ersten grauen Haare in ihrer Frisur. Ich war nach unserer Trennung keine Beziehung mehr eingegangen. Ich drängte Elvira zur Scheidung. Wir trafen uns fast täglich und endlich entschloss sich Elvira zur Scheidung, Ich warte schon auf diesen Tag; 34 Tage noch. Zum nächsten Lönsabend wird Elvira, meine Frau, mitkommen.

* * *

Unser Freund Helmut hatte der Erzählung Fritz Seewalds mit sichtlichem Amüsement zugehört. Als Fritz seine Geschichte beendet hatte und sich eine neue Zigarre anbrannte, berichtete Helmut von seinem Erlebnis.

Leidenschaft einer Nacht

Verwechslungen bringen stets Überraschungen, erst recht in der Liebe. Was bleibt aber, wenn dann der Irrtum erkannt wird, die Leidenschaft jedoch zum Ziel gekommen ist? Eine Liebe, die man lange ersehnt, vielleicht die Geliebte immer vor Augen, wird man wahrscheinlich in romantische Vorstellungen einkleiden. Kommt es dann zum ersten Kuss, zur ersten Umarmung, wird sich die Leidenschaft entladen, aber vielleicht wird man auch die Differenz zwischen Traum und Wirklichkeit erkennen, freilich nicht spontan, das braucht viel Zeit. Ich bin nicht sicher welche Liebe die bessere sein wird, auf die man lange gewartet hat oder die einen wie vom Blitz getroffen überfallen hat.

Ich war schon die zweite Woche mit einer Reisegruppe in Griechenland unterwegs. Nun sollten wir drei Tage auf der Peloponnes in einem traumhaft schönen Hotel in der Sunrise-Bay bleiben. Alle Zimmer waren gegen Osten ausgerichtet, davor lag eine etwa 12 m breite Terrasse, von der aus der Sonnenaufgang über dem gegenüberliegenden Ufer unmittelbar zu beobachten war. Alle Zimmer hatten Türen zur Terrasse, die nachts fast alle offen standen.

Es war eine heiße schwüle Nacht und ich wälzte mich im Bett herum, ohne einschlafen zu können. Da bemerkte ich eine Dame, offenbar im Negligee, gerade vor meinem Zimmer an der Brüstung der Terrasse stehen und rauchen. Im Mondschein erschien sie mir wie eine Fee aus einem Märchen. Sie sah lange zum Meer hinaus. Nach einigen Minuten kam sie zurück, sie ging direkt auf meine offene Tür zu. Mir stockte fast der Atem, als sie tatsächlich durch meine Tür trat. Es war stockfinster im Zimmer, nur schemenhaft konnte ich ihren Körper erkennen. Sie legte etwas auf das Nachtkästchen, setzte sich auf meine Bettkante, drehte sich zu mir, ich öffnete meine Arme und zog sie an mich.

„Du schläfst auch nicht?“ fragte sie; sie sprach französisch.

Ich antwortete nur mit einem einfachen, leisen „Non!“

Sie liebte leidenschaftlich.

Als ich unsere Umarmung lösen wollte, hauchte sie

„Je meurs, je meurs, ich sterbe.“

„Aber nein, nicht sterben, lieben wir uns!“

Da erkannte sie den Irrtum, sprang aus dem Bett, knipste das Licht an. Sie fand den Schalter sofort, offenbar glich mein Zimmer dem ihren wie ein Ei dem anderen. Nun konnte ich meine Schöne der Nacht auch sehen. Sie war eine dunkelhaarige hübsche Vierzigerin, ihren sehr weiblichen Körper hatte ich schon gespürt.

„Mein Herr, was erlauben Sie sich!“ funkelte sie mich wütenden Blicks an.

„Sie waren es, die in mein Zimmer gekommen ist!“

„Ich irrte mich in der Tür.“

„Madam, ich dachte Sie wussten, dass es mein Zimmer sei, in das Sie gingen.“

„Sie hätten sich zu erkennen geben müssen!“

Ich stieg nun ebenfalls aus dem Bett und setzte mich auf die Bettkante.

„Bitte drehen Sie das Licht aus, man kann ins Zimmer sehen und sprechen Sie bitte leise, man hört hier alles, was laut gesprochen wird.“

Nun beruhigte sie sich etwas, jedenfalls sprach sie leise weiter.

„Wenn mein Mann das erfährt!“

„Er wird es nicht erfahren!“

Da reichte sie mir spontan ihre Hände.

„Sagen Sie nichts, zu niemandem, ich bitte Sie!“

Da küsste ich ihre Hände und sagte:

„Madame, Sie haben mir die schönste Liebe meines Lebens geschenkt.“ Sie entzog mir ihre Hände nicht.

„Es war doch nur Leidenschaft, Monsieur, wie können Sie von Liebe reden. Ich kenne Sie nicht, noch wissen Sie wer ich bin!“

„Bereuen Sie, mich umarmt zu haben, Madame?“

„Nicht fragen, die Leidenschaft war die Antwort!“ und dabei legte sie ihren Zeigefinger auf meine Lippen.

Sie hatte sich zu mir auf die Bettkante gesetzt und wir umschlangen uns mit den Armen sicher gleichzeitig. Ich habe mir trotz meiner verständlichen Erregung ihre Antwort gemerkt, ich höre ihre Worte und auch den Tonfall heute noch, wenn ich an sie denke. Bevor sie ging, machte sie sich im Badezimmer wieder frisch, als sie aus dem Badezimmer herauskam, sagte sie nichts mehr und verließ wortlos mein Zimmer. Sie ging bis zur Brüstung vor, blieb dort einige Minuten stehen, bevor sie in ihr eigenes Zimmer zurückkehrte, ihr Irrtum war für zufällige Beobachter nicht mehr erkennbar.

Am nächsten Morgen war ich schon vor ihr im Frühstücksraum. Ich hatte mich in der Nacht nicht getäuscht, sie war eine voll erblühte, begehrenswert schöne Frau. Ihr Mann schien deutlich älter zu sein als sie. Ich folgte ihr zum Buffet.

„Madame, Sie haben gestern Ihr Zigarettenetui vergessen.“

Ohne mich anzublicken sagte sie

„Legen Sie das Etui auf das Buffet, ich hole es später, bitte sehen Sie mich nicht an, mein Mann wird sonst aufmerksam!“

„Werden Sie mich heute Nacht wieder besuchen?“

„Non monsieur, das war die Leidenschaft einer Nacht, au revoir monsieur“.

Die ganze Nacht wartete ich trotzdem auf ihren Besuch, sie kam nicht, auch nicht auf die Terrasse um zu rauchen.

Ich weiß bloß ihren Vornamen, Martine, dieser Name war auf dem Zigarettenetui eingraviert. Am Tag darauf reiste sie mit ihrem Mann ab.

Ich habe sie nie wieder gesehen.

Liebe ohne Treue

Es war früher wohl unmöglich, dass eine Dame einen Mann unmissverständlich zur Liebe einlädt, meinte der Hausherr, Frank-Dieter, aber es muss nicht gerade ein Irrtum eine Frau einem fremden Mann in die Arme führen. Es geschieht auch mit Absicht, hier zeigt sich die Emanzipation doch am deutlichsten.

Ich war als Zeuge zu einer Gerichtsverhandlung geladen. Ich hatte einer Dame ein neues Implantatgebiss angefertigt und als ich meine Honorarnote vorlegte, war sie gerade geschieden und ihr Exmann weigerte sich, das teure Gebiss zu bezahlen. Die Dame wurde von einer hübschen, jungen Rechtsanwaltsanwärterin vertreten, von Frau Mag. Vera, ihr Nachname tut nichts zur Sache.

Am darauffolgenden Sonntag, einem prachtvollen Vorfrühlingstag, wanderte ich von Pressbaum über Hochstraß, Forsthof zum Schöpfl, dem höchsten Berg des Wienerwaldes. Nach dem Mittagessen im Schutzhaus blieb ich noch bei einem Kaffee in der Wirtsstube sitzen, da kam die Anwältin, Frau Mag. Vera, gemeinsam mit einem etwa gleichaltrigen Mann zur Tür herein. Sie trugen auffällige, moderne Wandertracht, das war jedoch nicht der Grund, dass fast alle Gäste ihre Blicke auf die beiden richteten. Frau Vera ging nicht durch die Tür der Wirtsstube, sie hatte ihren Auftritt; es war ihr selbstbewusstes Auftreten aber auch ihr attraktives Äußeres. Die Anwältin entdeckte mich sogleich und da ich allein an einem Tisch saß, setzten sich die beiden zu mir.

Unsere Unterhaltung entwickelte sich anfangs nicht über Frühlingswetter und Wandern hinaus, und nur beiläufig kamen wir auf die Gerichtsverhandlung von vor drei

Tagen zu sprechen und da erfuhr ich, dass sie ihre Mandantin auch erfolgreich vertreten hatte. Sie erkundigte sich nun wie ich zu meiner Patientin, ihrer Mandantin, stehe und daraus entwickelte sich ein eher privates, intim wäre zuviel gesagt, Gespräch. Der Begleiter von Frau Vera beteiligte sich nicht an unserer Unterhaltung.

Frau Vera verließ kurz die Wirtsstube und als sie zurückkam setzte sie sich nicht mehr an ihren früheren Platz gegenüber, sonder neben mich. Ein Herr starre ihr immer ins Gesicht, begründete sie ihren Platzwechsel. Ihr Begleiter ließ sofort seine Muskeln spielen und fragte, ob er diesen Herrn zur Rede stellen solle. Frau Vera verneinte und während sie noch sprach drückte sie ihr linkes Bein an mich. Ich rückte ab, ich dachte dass es bloß Zufall wäre, aber sie sah mir dabei voll ins Gesicht. Ich stellte mein Bein wieder zurück und sie drückte wieder dagegen.

Ich verabschiedete mich dann recht bald, da ich noch den weiten Weg zum Bahnhof Rekawinkel vor mir hatte. Das Angebot des Herrn, mich mit dem Auto, das in Schöpflgitter geparkt war, mitzunehmen, lehnte ich ab, da ich ja wandern wollte. Als Frau Vera mir die Hand reichte, fragte sie mich, ob ich morgen Zeit hätte, sie müsse noch einige offene Fragen, den Prozess betreffend, klären. Was sie klären wollte, hatte sie mir vorhin fühlbar unter dem Tisch schon angedeutet.

Am nächsten Nachmittag, nach telefonischer Rücksprache, trafen wir uns in meiner Praxis in Purkersdorf. Wir tranken zusammen Kaffee und dann, als die Sprechstundenhilfe gegangen war, wechselten wir in meine Privatwohnung, die ja im selben Haus ist. In der nun intimeren Atmosphäre meiner Wohnung konnten wir gemeinsam alle Fragen Veras klären. Sie besuchte mich nun täglich oder wir gingen gemeinsam aus, meist in Wien. Meine Frage nach ihrem Begleiter wischte sie mit einer Handbewegung weg. Vera war eine zärtliche und auch geistvolle Geliebte, einen Monat später zog sie zu mir in mein Haus. Es waren leidenschaftliche Wochen, die ich nun mit Vera verlebte.

Sie hatte sich vollständig in meinem Haushalt eingelebt, jedoch alle Aufgaben, die der Betrieb einer großen Villa erfordert, blieben weiterhin allein mir überlassen. Wir hatten uns angewöhnt, abends zu Hause zu essen, das heißt ich musste kochen, Vera meinte, Kochen wäre nicht ihre Lieblinsbeschäftigung. Einmal bereitete ich gerade Saltinpocca zu, als Vera verlangte, schon vor dem Essen ein Glas Rotwein zu trinken. Angelehnt an dem Arbeitstisch der Küche, probierte sie genussvoll den Chianti.

„Es ist so schick, wenn du kochst und ich dir assistiere!

„Wobei assistierst du mir, oder meinst du damit nur, dein Glas Wein in der Hand zu halten?“

Da war sie dann ernstlich verstimmt und unser Abendessen verlief fast schweigsam. Ich verlangte nun von ihr, dass sie sich in irgendeiner Form in den Haushalt einbringen möge.

„Du hast zwei Sprechstundenhelferinnen, da kannst du doch zu meiner Entlastung eine Hauswirtschafterin einstellen!“

„Ich glaube, du siehst zu viele Filme der Rosamunde Pilcher“ antwortete ich.

Unsere Beziehung lief nicht mehr so wie zu Anfang. Besonders Veras zunehmend emanzenhafte Allüren irritierten mich. Ihre leidenschaftlichen Umarmungen waren sparsamer geworden, sie verlangte tatsächlich, dass ich schon vor den Präliminarien ihr Einverständnis einhole. Alles hinterfragte sie, selbst während wir uns umarmten, sprach sie von meinem Machogehabe, das sie jedoch nicht zu definieren wusste und immer öfter in ein allgemeines Lamento über die Männer und ach so unterdrückten Frauen führte. Ich glaube heute, dass sie gar keine Vorstellung hatte, wie ihr Wunschmann sein soll, aber aus der Situation heraus einfach Kritik übte, wenn sie die Initiative bei mir sah. Ein dauernder Grund für unsere nun oftmaligen Differenzen, war mein Schäferhund Wolf, zu dem Vera kein Verhältnis finden konnte. Sie kam nun öfter später nach Hause, Wolf beschnupperte sie dann besonders.

„Gib den Hund weg, was er nur immer schnuppert?“

„Du riechst wahrscheinlich anders, wenn du später nach Hause kommst!“

Nun musste Wolf weggegeben werden, zwei Wochen wehrte ich mich dagegen, aber als Vera mich vor die Entscheidungen stellte, entweder der Hund oder sie, gab ich nach, nicht zuletzt, weil sie ihre Forderungen mit Strömen von Tränen und Liebesbeteuerungen begleitete. Ein Freund in Tulln, der seinen Hund gerade einschläfern musste, nahm meinen Wolf. Nach zwei Tagen rief mein Freund an und teilte mir mit, dass Wolf nichts fresse und die ganze Nacht schauerlich heule. Nach zwei weiteren Tagen war Wolf verschwunden und kam nicht mehr in das Haus meines Freundes zurück. Alle Nachforschungen waren vergebens. Nach neun Tagen stand Wolf abends abgemagert, zerzaust, mit eingerissenem Ohr aber mit dem Schwanz wedelnd vor meiner Haustür; er hatte den weit über 20 Km langen Weg von Tulln hierher allein gefunden. Seine Begrüßung war stürmisch und ich versprach Wolf, ihn nie wieder wegzugeben.

Nun wurde Vera noch böser auf den Hund. Als sie wieder einmal spät nach Hause kam schnupperte Wolf und dann knurrte er sie an. Wolf hatte sicher schon mit seinem angeborenen Instinkt Veras Abneigung gegen ihn aber vielleicht auch gegen mich, erkannt.

„Was er nun schon wieder zu schnuppern hat?"

„Wo warst du?"

„Willst du mich kontrollieren? Bist du eifersüchtig?"

„Habe ich nicht Grund dazu? Gestern erzähltest du mir, dass dein ehemaliger Freund, mein Vorgänger sozusagen, sich einen Hund aus dem Tierheim geholt habe. Wolf wird ihn wohl an dir riechen!"

„Ich liebe dich Frank-Dieter, das weißt du, aber Sex hat nichts mit Treue zu tun, das ist doch lediglich ein spontanes Bedürfnis wie essen und trinken auch!"

„Da bin ich aber anderer Meinung. Kannst du lieben, ohne treu zu sein, ich meine treu in meinem Sinn?"

„Darauf gebe ich dir keine Antwort!"

Damit beendeten wir dieses Gespräch. In der Nacht war ich zu einem Entschluss gekommen. Beim Frühstück, sagte ich Vera, dass ich mich von ihr trennen werde. Sie nahm meine Mitteilung erstaunlich gelassen hin. Am Abend holte sie ihre Sachen ab. Beim Abschied war eine gewisse Traurigkeit in ihrem Gesicht nicht zu übersehen.

„Frank-Dieter, darf ich dich noch um etwas bitten? Ich möchte mit dir noch einmal schön ausgehen."

Am nächsten Abend waren wir zusammen essen und dann besuchten wir Bars, Nachtlokale und endeten in Veras Garconniere, in ihrem Bett. Wir haben uns noch einmal bei einem Empfang getroffen und gut unterhalten. Ich bin Vera nicht böse, sie hat nur völlig andere Vorstellungen von der gegenseitigen Treue in einer Liebe als ich.

Späte Genugtuung

Untreue kann sehr wehtun, nicht jeder kann diese Erfahrung wegstecken, aus seinem Denken verbannen, sagte Frau Marlene, aber wenn der inzwischen verheiratete Mann einige Jahre später glaubt, seine ehemalige, verlassene Liebe wieder auffrischen zu können, ist es nicht nur peinlich, die frühere Kränkung wird noch fühlbarer.

Meine beste Freundin, meine Cousine Ingrid, hatte mir meinen Freund ausgespannt, sicher, sie war die Hübschere, sie heirateten dann sehr rasch. Vielleicht wollte er auch nicht länger auf mich warten, ich konnte noch nicht heiraten, ich wollte unbedingt vor einer Eheschließung mein Studium vollenden. Vergessen habe ich ihr das nie, ihm aber auch nicht. Und weil ich einige Jahre später noch immer unverheiratet war, glaubte sie nun, mir gute Ratschläge geben zu können. Ich kann vieles ertragen, allein ihren Hohn nur sehr schlecht. Ich wollte meiner Cousine eins auswischen, wie man in Wien sagt, doch bevor ich noch überlegen konnte, wie dies anzustellen sei, ergab sich die Gelegenheit dazu von selbst und ohne mein Zutun.

Ihr Mann, mein Jugendfreund, hatte mich einige Jahre nicht mehr gesehen. Ich hatte den Eindruck, dass er, als wir uns unerwartet im Theater gegenüberstanden, sofort wieder an mir Interesse hatte, er begehrte mich offensichtlich. Seine Frau, meine Cousine und ehemals beste Freundin, lud mich in ihr Haus ein. Es war eine größere Gesellschaft und als er sich unbeobachtet sah, sprach er zu mir von unserer Liebe, die er damals verschmäht hatte. Ich gab seinem Drängen nach einem Date nicht nach und versuchte seine Zudringlichkeit zu übersehen. Da lud er mich eine Woche später, auch im Namen seiner Frau, zu einer Heurigenpartie ein. Wir wollten uns in einem kleinen Gasthof, einem bekannten Ausflugslokal auf der Wiener Höhenstraße treffen.

Ich war eine Viertelstunde vor dem vereinbarten Termin im Gasthof eingetroffen. Als ich mich im Gastgarten umsah, ob die beiden schon hier seien, erblickte ich Gerd, einen Freund meines Bruders allein an einem Tisch sitzen. Er lud mich ein, bei ihm Platz zu nehmen und ich setzte mich zu ihm. Irgendwie war ich auch froh, Gerd hier getroffen zu haben, so musste ich den beiden nicht allein, wie ein Mauerblümchen gegenüber sitzen. Zehn Minuten später kam Mario, jedoch ohne seine Frau, die hätte überraschend verreisen müssen, erklärte er. Es war ihm sichtlich unangenehm, mich an Gerds Tisch zu sehen. Er hätte bereits für uns beide einen Tisch telefonisch reserviert und er forderte mich auf, nun den Platz zu wechseln. Als Gerd aufstehen wollte, um mich an sich vorbeizulassen, stieß ich ihn mit dem Fuß unter dem Tisch an, er verstand und blieb sitzen.

Mario hatte sichtlich anderes vorgehabt, er sagte meinem Bekannten, mit mir etwas sehr Persönliches besprechen zu müssen, ich überhörte dies und blieb bei Gerd sitzen. Unsere Unterhaltung entwickelte sich ziemlich zäh, als ich plötzlich bemerkte, dass Mario blass wurde. Ein Herr und eine Dame traten an unseren Tisch, Mario stellte die beiden als seine Nachbarn vor, mich und Gerd aber als ein ihm befreundetes Paar. Ich widersprach nicht und auch Gerd sagte nichts zu unserer Vorstellung als Paar. Der Nachbar und seine Frau setzten sich zu uns an den Tisch. Ich kannte die Nachbarn nicht, die Frau erzählte jedoch sofort, dass meine Cousine ihre beste Freundin sei.

Für mich war die Situation peinlich geworden, Gerd hatte mich früher einmal sehr verehrt, aber zusammen waren wir nie gewesen. Doch nun hatte ich sehr schnell wahrgenommen, dass sich Gerd in der Rolle mit mir ein Paar zu sein, sehr wohl fühlte. Er machte mir Komplimente, küsste mir mehrmals die Hand, winkte den Zieharmonikaspieler an den Tisch und bestellte ein schmalziges Wienerlied. „Heut kommen die Engerl auf Urlaub nach Wien." Was sollte ich tun? Mit Mario hatte ich kein Erbarmen, aber vor Gerd wollte ich auf keinen Fall als mögliche Geliebte Marios erscheinen, die hier ein Date vereinbart hatte, das vielleicht nur durch seine zufällige Anwesenheit nicht den gewünschten Ablauf fand. Und so flirtete ich mit Gerd. Und es war sicher nicht der Wein, der mich bewegte, Gerd sympathisch und nett zu finden. Er hatte auch seinen Arm um meine Taille gelegt.

Nun war für Mario die Situation gerettet, er flüchtete aus der für ihn unangenehmen Situation. Er rief den Ober zum Zahlen, der fragte, wer von den Herrschaften der Herr Obereder sei. Das sei er, sagte Mario. Der Ober legte vor Mario einen Zimmerschlüssel, einen solchen mit großem Anhänger und Zimmernummer, auf den Tisch und sagte, dieser sei für Zimmer Nummer drei.

„Was soll der Schlüssel?" fragte Mario mit gepresster Stimme.

„Der ist für das von Ihnen reservierte Zimmer, auch die Rosen sind schon geliefert und der Sekt steht wie gewünscht in einem Kübel mit Eis bereit."

Mario war abwechselnd blass und rot geworden, er hätte kein Zimmer bestellt sagte er schon etwas kleinlaut.

„Aber doch, telefonisch, ich erkenne Sie doch an der Stimme, Herr Obereder."

„Bestellst du immer ein Zimmer, wenn du zum Heurigen gehst, oder erwartest du deine Frau zu einem externen

Schäferstündchen mit Rosen und Sekt?“ fragte ich ihn, bewusst die Peinlichkeit seiner Situation ausnützend und während ich dies sagte, lehnte ich mich demonstrativ an Gerds Schulter.

„Das muss ein Irrtum sein!“

„Aber Ingrid ist doch bei ihrer Mutter in Salzburg“ warf da seine Nachbarin ein, wozu brauchst du das Zimmer?“

„Ist die erwartete Dame nicht gekommen?“ fragte nun Gerd, auch er hatte verstanden.

Auch die bestellten roten Rosen seien auf das Zimmer geliefert worden und der Sekt stehe schon eisgekühlt auf dem Tisch, bekräftigte nun wieder der Ober seine erste Frage. Mario hatte einen roten Kopf bekommen.

„Herr Obereder, auch wenn Sie das Zimmer nicht mehr brauchen, aber bezahlen müssen Sie es trotzdem, wir hätten es schon anderweitig vermieten können.“

„Das muss ein kolossaler Irrtum sein“ sagte Mario, bezahlte das Zimmer aber trotzdem und auch die Rosen.

Ich sagte zu Gerd „Komm, fahren wir nach Hause!“

Im Auto waren wir beide einsilbig geworden.

„Was jetzt?“ fragte Gerd.

„Gehen wir noch auf einen Kaffee, ich glaube, ich sollte dir das alles erklären.“

In einem kleinen Vorstadtkaffe saßen wir noch lange beisammen. Ich erzählte Gerd, ohne Beschönigung, die ganze Geschichte. Da wurde er fast sarkastisch:

„Du liebst ihn noch immer, ansonsten ist eine so raffiniert eingefädelte Frage nach seiner Frau nicht zu verstehen!“

„Nein, wenn ich auch zugeben muss, dass ich mich damals seinetwegen sehr gekränkt hatte. Das ist vorbei, aber seiner Gemeinheit, mich nach alldem wie eine Nutte zu behandeln, mich einzuladen und gleich ein Zimmer zu bestellen, gehörte ein Dämpfer. Das alles so nebenbei, weil seine Frau gerade fort ist, also die Gelegenheit günstig ist, mich in seine Lustgalerie einreihen zu wollen, ist niederträchtig. Dass seine Frau gar nicht in Wien ist, wusste ich nicht, sie ist meine Cousine, und ich wollte mit Ingrid über die Pflege unseres gemeinsamen Onkels sprechen. Ich war wirklich der Meinung, dass sie dabei sein werde, sonst wäre ich nicht gekommen."

Wir verabschiedeten uns, ohne ein weiteres Treffen anzusprechen, tauschten auch nicht unsere Telefonnummern aus. Einige Tage später rief mich Gerd an, offenbar hatte er meine Handynummer von meinem Bruder erhalten, ob wir uns treffen könnten, fragte er.

„Die Rache passt nicht zu dir", fragte Gerd, nachdem wir anfangs eher Belanglosigkeiten ausgetauscht hatten, „warum also?"

„Ich kann weder Mario noch seiner Frau auf Dauer aus dem Weg gehen, wir sind verwandt und haben weitgehend denselben Bekanntenkreis. Es war ein Schuss vor den Bug. Ja, auch Rache, wenn du es so nennen willst, aber dieses Wort trifft nicht meine Gefühlslage, es war mir eher eine Art Genugtuung, von ihm aber auch von ihr. Sie wird sicher die Affäre brühwarm von ihrer Nachbarin erfahren haben.

Er habe seinen Egoismus auch schon kennen gelernt meinte Gerd, sie seien einmal im selben Basketballverein gewesen, das habe jedoch Herr Mario offenbar vergessen.

Am nächsten Sonntag rief mich Gerd wieder an, ein halbes Jahr später heirateten wir.

Die Bergtour

Ich studierte gerade im vierten Semester, da lernte ich auf der Geburtstagsparty einer Freundin einen jungen Mann, einen Studenten kennen. Gut aussehend, sportlich, schick gekleidet, angenehme Stimme, höflich, zuvorkommend und vor allem, er machte mir den Hof. Ich bemerkte die neidischen Blicke der anderen Mädchen. Ich war in Hochstimmung. Als ich beiläufig erwähnte, dass ich eine Bergtour ins Gesäuse plane, bot er sich sofort an, mich zu begleiten, auch er wäre ein begeisterter Bergsteiger. Wir tanzten und schmusten, nach Hause ging ich jedoch allein, Richard, so hieß er, war mir zu sehr in Fahrt gekommen.

Wir trafen uns am ersten Tag unserer Sommerferien am Westbahnhof und fuhren nach Gstatterboden. Der Aufstieg war von zärtlichem und romantischem Wortgeplänkel begleitet. Doch bald erschöpfte sich unser Flirt, der Berg verlangte unsere Aufmerksamkeit, aber auch deswegen, weil unsere kurze Bekanntschaft keinen Stoff bot, irgendwo anzuknüpfen. Um in die Zukunft zu schwärmen, kannten wir uns zu wenig, wir wussten eigentlich gar nichts voneinander.

Bei der ersten längeren Rast auf der Ennstalerhüte begann Richard von seinen Tennisturnieren zu erzählen, er war der Champion in irgendeinem bekannten Verein. Ich hatte nie Tennis gespielt und so konnte ich seinen euphorischen Erzählungen nicht folgen, die sich auch immer mehr zu Lobeshymen auf seine eigenen Talente steigerten. Ich versuchte unserer Unterhaltung einen anderen Inhalt zu geben, doch vergeblich, weder die Natur, noch Literatur oder Philosophie interessierten ihn, im Gegenteil, er kam immer wieder sehr schnell auf seinen Sport zurück. Wir stiegen dann zum Tamischbachturm auf, meine Begeisterung für die schöne Bergwelt konnte ich wieder nicht auf Richard übertragen.

Er begann damals gerade Golf zu spielen und noch abends in der Ennstalerhütte erklärte er mir ausführlich die Stationen des Spiels, den Unterschied zwischen 9-Loch – und 18-Lochplätzen und die Schwierigkeiten mit möglichst wenigen Schlägen ins Loch zu treffen. Als es mir zuviel wurde, sagte ich, dass ich doch Golf für eine Automarke hielte und nicht für einen derart anstrengenden, gefährlichen Sport. Richard sah mich entgeistert an, als würde ich chinesisch gesprochen haben.

Am Matratzenlager wehrte ich seine Zärtlichkeiten mit dem Hinweis auf die morgige anstrengende Tour ab. Doch schon beim Frühstück waren wir wieder beim Sport und er erweiterte seine Gesprächsthemen auf das von ihm besonders gepflegte Bodybuilding. Ich erkannte, dass Richard wirklich für nichts anderes als für Sport und sich selbst Interesse hatte. Als ich ihm mitteilte, dass ich mich entschlossen habe, die Bergtour allein fortzusetzen, war er tatsächlich wie aus allen Wolken gefallen. Er konnte mich nicht verstehen. Dass ich mir von einem Bergkameraden anderes als Sporterzählungen erwarte, dass eine Bergtour auch Zwiesprache mit der Natur aber auch mit sich selbst sein soll, konnte er nicht verstehen. Er war wirklich böse auf mich, als ich nach dem Frühstück allein loszog.

Der Abstieg ins Tal, auf demselben Weg, den wir gestern aufgestiegen waren, ging flott. In Gstatterboden hatte ich Glück und erreichte den Eisenbahnzug nach Johnsbach. Am Aufstieg zur Mödlinger Hütte holte mich ein junger Mann ein, ob ich auch zur Mödlinger Hütte wolle, fragte er mich. Und als ich bejahte und als weiteres Ziel den Kalbling nannte, schlug er vor, zusammen zu gehen. Ich willigte ein. Henner kam aus Neuruppin in Brandenburg, und studierte Mathematik in München. Nach wenigen Sätzen wusste ich, dass wir auf derselben Wellenlänge waren. Meist mussten wir hintereinander gehen, aber ich freute mich auf jede Rast, nicht wegen der Erholung, sondern um mit Henner wieder plaudern zu können. Wir erzählten aus unserem Studium und als ich sagte, dass ich Germanistik studiere, sprachen wir natürlich über Theodor Fontane, seinem Landsmann aus Neuruppin.

Auf der Mödlinger Hütte übernachteten wir und stiegen erst am nächsten Morgen zum Kalbling auf. Nach einigen Stunden ließen meine Kräfte deutlich nach, Henner hatte ein forsches Tempo vorgelegt, aber auch meine geringere Kondition machte sich jetzt am Berg bemerkbar. Ich ging trotzdem weiter, aber Henner musste das gemerkt haben. Als wir wieder einmal zum Verschnaufen stehen geblieben waren, nahm er mir wortlos den Rucksack ab und schnallte ihn auf seinen eigenen oben drauf. Dann ging es leichter. Henner gab mir auch Müsliriegel und Traubenzucker zu essen. Ich merkte erst jetzt meine mangelnde Bergerfahrung; an das alles hatte ich nicht gedacht.

Wir waren beide ins Schwitzen gekommen, Henner ging jetzt meist hinter mir, wahrscheinlich aus Sorge, wenn ich straucheln sollte. Kurz vor dem Gipfel rasteten wir ausgiebig, trockneten unsere erhitzten Gesichter ab und endlich nach einer stundenlangen Wanderzeit, erreichten wir den Gipfel.

Am Gipfelkreuz, reichten wir uns die Hände und wünschten uns gegenseitig ein „Berg Heil". Henner hielt meine Hände noch immer in den seinen, ich bedankte mich fürs Rucksacktragen und beugte mich vor, um ihm dafür ein Busserl zu geben. Das Busserl wurde ein langer Kuss und als wir uns lösten sagte Henner:

„Elke, ich hab mich in Dich verliebt!“

„Ich mich in Dich auch Henner!“ und wir küssten uns wieder.

Ich kannte das rauschartige Gefühl auf dem Gipfel eines mühsam erstiegenen Berges, diesmal aber glaubte ich im Glück zu schweben.

Die nächsten Tage, die ich mit Henner zusammen war, erlebte ich wie im Traum. Unser Leben war auf wandern, dazwischen immer wieder rasten und auch essen reduziert, aber für mich erschloss sich in der Unterhaltung mit Henner eine Welt des Glücks, der Gleichklang unserer Anschauungen erschien mir fast gespenstisch. Am dritten Tag unserer Bekanntschaft überraschte uns ein Gewitter, wir setzten trotzdem unseren Weg fort, es war schon spät und der Weg zur nächsten Hütte noch weit. Als wir eine Almwiese querten, das Gewitter war in Regen übergegangen, fanden wir Unterschlupf in einer alten, aufgelassenen Almhütte, in die wir durch ein zerbrochenes Fenster einsteigen konnten. Die Einrichtung war kaum noch vorhanden, lediglich der Tisch und eine Bank, die an der Wand befestigt war. Das genügte uns vorerst für die vermeintlich nur kurze Rast. Der Regen ließ nicht nach, so entschlossen wir uns, in der Hütte zu bleiben. Im letzten Dämmerschein machten wir uns ein Abendessen zurecht, Henner hatte einen Esbit-Kocher in seinem Gepäck, er kochte Erbswurstsuppe. Es war nun total finster geworden, es schienen weder Mond noch Sterne in die Hütte. Wir fanden hier weder Betten noch Heu und so legten wir unsere Schlafsäcke zurecht, die wir Gott sei Dank mithatten.

Doch wir schlüpften nicht in die Säcke, wir umarmten uns und waren damit dem Himmel sehr nahe gekommen, aber eigentlich waren wir im Himmel.

Der nächste Morgen leuchtete durch die zerbrochenen Fenster in die Almstube als wir erwachten. Wir strahlten uns beide an und übereinstimmend meinten wir beide, die schönste Nacht in den Bergen verlebt zu haben. Nach unserem etwas kargen Frühstück, unser Reiseproviant war schon sehr schmal geworden, wanderten wir weiter. In den Mittagsstunden brannte die Sonne vom wolkenlosen Himmel, unter einigen Latschen fanden wir etwas Schutz vor der Hitze. Wir legten uns auf den ziemlich harten Boden der Bergwiese und sahen in den Himmel. Wir sprachen von unserer Liebe, vom Glück zusammen im Gebirge dem Himmel nahe zu sein und was wir nicht aussprachen, fühlten unsere Körper bei jeder Berührung. Die Gewitternacht in der halbverfallenen Almhütte war für uns der Inbegriff des Glücks und unserer Liebe geworden.

Nach einer Woche trennten wir uns schweren Herzens. Henner musste eine Ferialpraxis antreten und brach seinen Bergurlaub ab. Wir telefonierten einige Male miteinander und schrieben uns auch. Wir haben uns nicht mehr wiedergesehen. Aber immer, wenn ich ein Gipfelkreuz sehe, meine ich den Kuss Henners auf meinen Lippen zu spüren.

* * *

Frau Elke hatte ihre Erzählung beendet, in ihrer Stimme war bei den letzten Sätzen eine gewisse Rührung nicht zu überhören. Sie sah in die Flammen des fünfarmigen Kerzenleuchters, der auf dem Tisch stand und die einzige Beleuchtung des Raumes war. Alle waren nun neugierig, wer nun als nächster das Wort ergreifen würde, da fragte Herr Wolf Riemann, der bisher nichts gesprochen hatte.

„Frau Elke, sprachen Sie von Henner Werre?“

Frau Elke blickte sichtlich überrascht zu Herrn Riemann, ihr Gesicht war blutrot angelaufen, lange antwortete sie nicht, das plötzliche Rot war aus ihrem Gesicht verschwunden und sie war nun blass geworden, als sie fragte

„Herr Riemann, Sie kennen Henner Werre?“

„Ja, er ist mit meiner Cousine Rosemarie verheiratet!“

„Rosemarie, Rosemarie sieben Jahre mein Herz nach Dir schrie!“ stimmte der Hausherr an, der die Peinlichkeit der Frage sofort erfasst hatte und die Situation retten wollte. Allein Herr Riemann war nicht mehr zum bremsen.

„Ja, Herr Werre ist Leiter des Rechenzentrums eines großen Industrieunternehmens in Frankfurt. Ich war zufällig Gast bei den Werres, als meine Cousine Ihre Briefe zwischen den Seiten eines Bildbandes vom Gesäuse fand, den sie mir zeigen wollte, auch Ihr Foto lag bei den Briefen. Es gab sofort Streit, meine Cousine ist sehr temperamentvoll. Erst als Henner auf das Datum der Briefe hinwies, beruhigte sich meine Cousine. Später fiel mir eine Aussage Henners ein, als ich ihn einmal zum Schifahren ins Gesäuse einladen wollte und er geradezu verträumt sagte

„Dort habe ich die schönste aber kürzeste Liebe meines....meiner Studentenzeit erlebt."

Bevor er das Wort Studentenzeit nannte, hatte er eine kurze Pause gemacht, vielleicht wollte er „seines Lebens" sagen und dies nur aus Rücksicht auf seine Frau, meine Cousine unterdrückt und auf die Studentenzeit eingeschränkt. Frau Elke war wieder rot geworden, jedoch sie antwortete trotzdem.

„Am Tag vor meiner Verlobung mit meinem Mann, kramte ich alle Erinnerungsstücke und Briefe meiner Mädchenjahre hervor und verbrannte die meisten im offenen Kamin im Hause meiner Eltern. Als ich Henners Briefe in die Hand nahm, war ich versucht, diese noch einmal zu lesen. Ich konnte mich nicht dazu entschließen, aber auch nicht sie zu verbrennen. Ich legte sie unter mein Kopfpolster und wollte erst am nächsten Morgen entscheiden. Im Einschlafen erinnerte ich mich, dass ich Henners Briefe nach dem Empfang damals tagelang unter meinem Kopfpolster liegen hatte, um sie immer wieder zu lesen. Am nächsten Morgen verbrannte ich die Briefe, ohne sie nochmals gelesen zu haben und auch die Fotografien.

Nun bin ich aber wirklich gespannt auf ihre Erzählung, Herr Riemann“

Frau Ursulas Ausrutscher

Oft wird man von seinen Erinnerungen eingeholt, meistens dann, wenn dies überhaupt nicht zu erwarten ist. Meine Geschichte, die ich euch erzählen werde, hat weder den prickelnden Reiz noch die Wehmut einer verflossenen Liebe, es ist die Episode, eine Affäre, die mein Leben sehr verändert hat, die mich jahrelang belastet hat, ja, vielleicht auch noch heute. Ich hab das alles, was ich erzählen werde, in mir vergraben. Ich habe noch nie darüber zu Fremden, auch nicht zu Freunden gesprochen. Vielleicht hilft es mir heute ein Stück weiter im Vergessen.

Ich heiratete meine Frau Ursula zwei Jahre nach dem Ende meines Studiums. Ich hatte eine sehr interessante Stelle als Verfahrensingenieur angenommen. Das erforderte aber, dass ich bei der Planung neuer Anlagen und erst recht beim Anfahren der von mir geplanten Anlagen dabei sein musste. Das bedeutete oft wochenlanges Fernsein von Wien und natürlich auch von Zuhause, von meiner Frau. Schon bald war Ursula mit meiner oft wochenlangen Abwesenheit nicht einverstanden. Wir hatten sehr oft Streit deswegen. Ich sah meine Karriere vor mir, der nächste Schritt meiner beruflichen Laufbahn war für mich vorauszusehen, nämlich die Leitung der Planungsabteilung der Firma, der damalige Leiter stand knapp vor seiner Pensionierung. Aber keinem dieser Argumente war Ursula zugängig.

Ich war schon drei Wochen in Norddeutschland und die neue Anlage lief fehlerfrei. Ich telefonierte täglich mit Ursula und kündigte meine Rückkunft in zwei Tagen an. Die Abschlussbesprechung mit der Firmenleitung wurde jedoch vorgezogen, so dass ich schon am nächsten Tag, also einen Tag früher nach Wien heimfahren konnte.

Es sollte eine Überraschung für Ursula sein, es wurde aber eine Überraschung für mich. Ich kam abends im Flugzeug an, als ich aber zu Hause an der Tür klingelte, war Ursula nicht in der Wohnung. Eine ungewohnte Unordnung fiel mir als erstes auf. Im Schlafzimmer schlug meine Enttäuschung über Ursulas Abwesenheit in Schrecken um. Nicht nur Ursulas Bett war zerwühlt sondern auch meine Hälfte des Ehebettes war es. Im Bett waren deutliche Spuren einer Liebesnacht zu sehen.

Wie vom Blitz getroffen saß ich im dunklen Wohnzimmer; es war mittlerweile Nacht geworden. Da hörte ich Ursula heimkommen, die Tür zur Diele stand offen. Ursula war nicht allein gekommen. Ich hörte das Zuschlagen der Tür und stand auf, um Ursula entgegen zu gehen, da sah ich sie in der Diele am Hals eines mir fremden Mannes hängen und sie begannen bereits, wir in vielen Fernsehfilmen zu sehen, sich gegenseitig die Kleider vom Leib zu reißen.

Als Ursula mich sah stieß sie einen schrillen Schrei aus: „Mein Mann! Warum bist du schon früher nach Hause gekommen?“

Später wollte mir Ursula alles erklären. Sie verstieg sich sogar zur Behauptung, nur aus Sehnsucht nach meiner Liebe, den Seitensprung gemacht zu haben, sie sprach von einem hormonellen Ausrutscher. Ich schlief diese Nacht auf dem Sofa im Wohnzimmer. Am nächsten Tag leitete ich die Scheidung ein. Unsere Ehe wurde drei Monate später geschieden, einvernehmlich. Die Affäre mit ihrem Liebhaber dürfte auch zu Ende gegangen sein, der war nämlich verheiratet.

Zwei Jahre später lud mich ein Geschäftsfreund, mit dem ich schon viele Projekte durchgezogen hatte, nach St. Johann in Tirol in sein Ferienhaus zu einem Schiurlaub ein.

Ewald, so hieß meine Freund, hatte beim Schifahren zwei flotte Damen kennen gelernt, die er zu einem Begrüßungsessen, das er für mich in seinem Haus geben wollte, eingeladen hatte. Als ich eintraf war gerade das Cateringservice eingetroffen, mein Geschäftsfreund war ledig und hatte auch keine feste Beziehung. Die Organisation war perfekt, das Catering hatte bereits den Tisch gedeckt, ich trank mit Ewald das erste Begrüßungsbier, da fuhren auch schon im Taxi die beiden angesagten Damen vor. Eine der beiden war meine geschiedene Frau Ursula. Aber weder sie noch ich machten eine Bemerkung, nur dass wir uns kannten, sagten wir den anderen.

Mein Freund begann sich sofort um die andere Dame intensiv zu kümmern, so dass Ursula von mir unterhalten werden musste. Sie kannte mich ja gut genug, und begann sofort über Dinge zu reden, von denen sie wusste, dass mich diese interessieren würden. Bald nach dem Essen, auch das Cateringservice hatte bereits alles wieder eingepackt und das Haus verlassen, verschwand Ewald mit seiner Tischdame in ein anderes Zimmer.

Ursula strömte über vor Charme, sie kannte ja meine Gewohnheiten und Vorlieben noch gut genug, sie versuchte mich offenbar zurückzugewinnen. Ihre Hände vor allem aber ihre Sprache waren seit unserer Trennung direkter geworden. Ich begann mit meiner Exfrau zu flirten, sie hatte ihre Schönheit behalten, aber als ihre Lippen meinen Mund suchten, wendete ich mich ab.

„Nein, ich kann nicht, wie viele Male hast du das seit unserer Trennung schon gemacht?“ fragte ich sie.

„Du wirst sicher auch kein Heiliger gewesen sein“ antworte sie.

Ich war unschlüssig, ich hatte seit unserer Scheidung keine längere Beziehung gehabt aber ich haderte mit mir selbst, ich gab mir selbst Schuld an Ursulas Fehltritt, warum hatte ich sie auch soviel allein gelassen. Sie war ja eine junge, liebesbedürftige Frau. Wir hätten Kinder haben sollen. Vielleicht war doch ein Rest Liebe für Ursula geblieben? An das alles musste ich auf einmal wieder denken. Vielleicht hatte sie ähnliche Gedanken, als sie mich fragte

„Können wir nicht vergessen und neu beginnen?“

„Und wenn nicht ich, sondern ein anderer jetzt hier sitzen würde, was dann? Wo sind Ewald und deine Freundin? Glaubst du, dass es mit dir und einem anderen Mann anders gelaufen sein würde? Der wievielte bin ich?“

„Das fragtest du bereits, aber so etwas fragt man keine Dame“

„Entschuldige, das hatte ich vergessen“

„Was hast du vergessen?“

„Das kannst du dir auslegen wie du willst“

„Es war die größte Dummheit, die ich begangen habe, ich bereue das alles zutiefst.“

„Das sieht aber gerade heute nicht danach aus!“

„Du kannst mir doch nicht vorwerfen, einen Mann zu suchen, du suchst doch gerade auch eine Frau!“

„Aber nicht dich.“

„Ich weiß, der Heiratsmarkt ist von Frauen meines Alters überschwemmt. Wollen wir es nicht trotzdem noch einmal miteinander versuchen?“

Meinte sie jetzt nur den heutigen Abend? In mir stieg wieder die Erinnerung an das Ende unserer Ehe hoch, als ich ihr antwortete:

„Nein, bitte geh jetzt, heute ist mehr zerbrochen, als damals, als ich dich mit deinem Geliebten in unserer Wohnung überrascht hatte."

Sie ging dann, den Kopf hochmütig nach hinten geworfen, aber ich glaubte auch Tränen in ihren Augen zu sehen.

* * *

„Frau Maria, sagte der Hausherr, jetzt sind Sie an der Reihe, Sie haben noch nichts erzählt." Da umspielte ein feines Lächeln Frau Marias Gesicht, und fast schüchtern begann sie.

Ein Liebesleben

Ich weiß eigentlich nicht, was ich erzählen soll. Meine Liebe gehört mir und meinem Mann, das ist nichts, woran ich fremde Ohren teilhaben lassen will. Meine Liebe und mein Leben in unserer Ehe sind voneinander nicht zu trennen. Aber wie ich meinen Mann kennengelernt habe, werde ich euch erzählen.

Vierzehn Tage nach meinem 16. Geburtstag lernte ich auf einem Krampuskränzchen einen Studenten kennen. Wir tanzten, wir flirteten, er machte mir Komplimente, aber seine Welt war eine andere, als die, die ich bis jetzt kennen gelernt hatte und doch faszinierte mich alles, was er erzählte. Zwei Monate später sahen wir uns wieder, ohne abgesprochen zu sein, auf einem Ball, es war mein erster Ball. Franz tanzte fast nur mit mir, ich selbst tanzte auch mit vielen anderen; ich gehörte dem Eröffnungskomitee an und schon deswegen holten mich so viele junge Herren.

Im darauffolgenden Frühling sahen wir uns öfter, nein nicht öfter, sondern sehr oft, ich sehnte mich von einem Rendezvous zum anderen: wir waren im Prater, beim Heurigen, im Theater, im Kino, wir trafen uns in Kaffeehäusern. Bei ausgedehnten Spaziergängen und Wanderungen im Wienerwald lernten wir uns richtig kennen.

An einem heißen, schwülen Augustnachmittag war Franz bei meiner Mutter zum Kaffee eingeladen, noch am selben Tag wurde ich seine Frau. Zu Weihnachten, ich war gerade 17 geworden, verlobten wir uns offiziell im Kreise unserer Familien, aber trotzdem durften es nicht alle wissen, ich war damals noch Schülerin bei den Ursulinen, ja die mit dunkelblauem Faltenrock, weißer Bluse und dunkelblauer Krawatte, unserer Uniform. Als mein Klassenvorstand, Schwester Innozenzia, den Verlobungsring an meiner Hand bemerkte, sagte sie, wenn sie mich nicht so gut kennen würde, müsste sie diesen Ring für einen Verlobungsring halten. Ich lief rot an, was Schwester Innozenzia wirklich dachte, weiß ich nicht. Ein Jahr nach meiner Matura, ich war schon Lehrerin an einer Klosterschule, beendete mein Verlobter sein Studium, wir heirateten zwei Monate später.

Als ich eine Weihnachtsgeschichte, zum Vorlesen in meiner Volksschulklasse suchte, gab mir mein Mann die „Geschichte vom allerersten Weihnachtsbaum“ von Hermann Löns. Seitdem bin ich Löns-Liebhaberin. Das sage ich jedoch nur, weil heute soviel von Liebhabern die Rede war.

Ich bekam vier Kinder, im Abstand von 2 Jahren.............Ja, ...das ist meine Liebesgeschichte.

* * *

Als Maria geendet hatte, schwiegen alle, man konnte die Stille hören, es war die so ganz andere Liebesgeschichte. Da sagte Elke:

„Maria, das war die schönste Liebesgeschichte, die wir hörten. Als ich 16 Jahre alt war, stellte ich mir so die Liebe vor. Ich beneide dich darum!“

Das Fasanenessen

Der Lönsabend im Hause unseres Freundes Frank- Dieter hatte uns allen so prächtig gefallen, dass wir noch am selben Abend beschlossen, uns in dieser Runde bald wieder zu treffen. Da unser heutiger Gastgeber, Herr Helmut, unverheiratet war, hatte wieder Frau Elke die Pflichten einer Dame des Hauses übernommen. Frau Elke wollte auch das Essen zubereiten, und bevor sie noch überlegen konnte, was sie auf die festliche Tafel bringen sollte, hatte Herr Helmut schon alles arrangiert; er hatte von seiner letzten Jagd im Burgenland fünf Fasane mitgebracht.

Als Frau Elke vier Stunden vor dem Beginn des Lönsabends ankam, hatte Helmut die Fasane schon ausgenommen, gerupft, mit Speck umwickelt, so dass Elke nur noch die Erdäpfelknödel und das Rotkraut zubereiten musste. Als Elke die riesige Anrichteplatte mit den gebratenen Fasanen auf den Tisch stellte, applaudierten die Gäste und tranken ihr spontan zu. Es wurde ein fröhliches Essen, der burgenländische Blaufränkische trug sicher nicht unwesentlich zu der bald überschäumenden Stimmung bei.

Man war schon bei Schnaps und Zigarren angelangt, die Gespräche drehten sich noch immer um das vorzügliche Essen, das geradezu den Jagdgeist Hermann Löns´ heraufbeschworen hatte. Leider gebe es kaum mehr gute Jagdliteratur, die diese Bezeichnung auch verdienen würde, meinte Herr Riemann, viel eher finde man den Jagdinstinkt in den vielen Kriminalgeschichten und Kriminalserien des Fernsehens wieder.

Ob eine Detektivgeschichte nicht auch eine Art von Jagderzählung sei? Nicht weil es ums Töten ginge, aber um das Aufspüren, um die Leidenschaft auf der Pirsch, auf der

Suche nach dem Täter? Frau Maria wollte das nicht ganz gelten lassen.

„In der Jagdliteratur gehe es doch nicht nur um das Töten des Wildes, gerade Hermann Löns` Erzählungen sind doch durchdrungen von der Liebe zu den Tieren!

Ja, er spüre dem Wild nach wie ein Detektiv, um es zu beobachten, sein Verhalten kennen zu lernen, die Landschaft in ihren Tieren wieder zu erkennen. Töten, ja, das gehört wohl zur Hege, genauso wie das Füttern im Winter. Der Detektiv töte ja auch nicht!“

Nach Marias nachdenklichen Worten blieb es lange Zeit still in der fröhlichen Runde. Vielleicht sah der eine oder andere die Jagd doch anders als Frau Maria und wollte nur nicht widersprechen, aber vielleicht dachte ein jeder, dass er mit seiner Erzählung zu viel von sich selbst preisgeben würde, schon preisgegeben hatte, von Begegnungen berichtet hatte, die doch nie für fremde Ohren bestimmt sein sollten. Da ergriff Herr Helmut das Wort:

Die falsche Fährte

Nicht jeder Flirt, nicht jeder Liebeswunsch wird von der angebeteten Frau erhört. Wir haben letztens alle von Erlebnissen erzählt, deren Helden wir selbst waren. Einige von uns hat ihr Erlebnis in ihr Glück geführt. Das behält man doch viel lieber in Erinnerung, als den Korb, den einem eine schöne Frau einmal gegeben hatte. Meine leidenschaftliche Nacht in der Sunrise-Bay wäre ohne den Irrtum Martines nie möglich gewesen, aber vielleicht ist mir gerade deswegen diese Nacht noch heute, Jahre später, so lebhaft in Erinnerung. Ich habe jedoch später einen Irrtum erlebt, dieser zweite Irrtum hat sogar dramatische Konsequenzen für mich gehabt!

Ich bin in einer Kleinstadt im niederösterreichischen Waldviertel zu Hause, ich bin dort aufgewachsen und wenn ich an Heimat denke, dann sehe ich die Häuser, den Stadtplatz, die winkeligen Gassen und die Menschen ganz deutlich vor mir; hier kennt jeder jeden. Ein zugezogener Neubürger braucht lange, bis er als einheimisch von den anderen gesehen wird. Die Kleinstadt hat Atmosphäre, hat das Flair des Intimen, was aber auch grausam sein kann.

Ich habe in Wien studiert, in den Ferien war ich stets auf Ferialpraxis, meist im Ausland, und nach dem Studium arbeitete ich in der Entwicklungsabteilung einer großen deutschen Motorenfabrik. Von meinen Eltern erfuhr ich, dass das Motorenwerk „Thaya–Werke“ in der nahen Bezirksstadt einen technischen Geschäftsführer suche; ich bewarb mich und ich erhielt die Stelle. Besser hätte ich es gar nicht treffen können, ich konnte sogar in der Villa meiner Eltern wohnen. Ich war unverheiratet, ja, das bin ich heute noch.

Ich brauchte mich hier nicht eingewöhnen; ich war sofort wieder zu Hause, die Bürger kannten mich noch von früher, ich wurde in die kleinstädtische Gesellschaft aufgenommen, als wäre ich nie jahrelang fort gewesen. Beim Gartenfest meines Schulfreundes Roman lernte ich die Frau des Lateinlehrers vom Gymnasium kennen. Sie war mir sofort aufgefallen, denn sie passte überhaupt nicht in unsere Kleinstadt. Frau Elisabeth Reißmann war eine rothaarige schlanke Frau, ihr Körper erinnerte mich stets an eine Gazelle, ihre quicklebendigen Bewegungen, ihre langen Beine schienen ewig auf dem Sprung zu sein. Ihre übermütigen Augen bahnten ein Gespräch schon an, bevor man die ersten Worte mit ihr gesprochen hatte; sie nahm mich bei unserem ersten Wortwechsel, nachdem wir einander vorgestellt worden waren, sofort gefangen. Ihre Fragen und auch ihre Antworten auf meine Fragen trafen jedes Mal sozusagen ins Schwarze und wie wenn sie darauf gewartet hätte, lenkte sie das weitere Gespräch; es war ein Vergnügen, sich mit Frau Elisabeth Reißmann zu unterhalten.

Vielleicht hatte ich mich bei diesem Gartenfest schon zu lange mit ihr unterhalten, denn viele Damen, durchwegs Ehefrauen der anwesenden Herren, blickten uns mit etwas pikiertem Gesichtsausdruck an. *„Die sind eifersüchtig wegen ihrer Männer!“* dachte ich; ich war ja ledig, also was soll's? Ihren Ehemann kannte ich vom Gymnasium noch; er war einige Klassen ober mir gewesen und als besonderer Streber bekannt. Herr Reißmann war ein eher pyknischer Typ, ruhig in seinen Gesten, verhalten in seiner Ausdrucksweise, das Besondere an ihm war jedoch sein unsteter, ängstlicher, aber trotzdem alles beobachtender Blick. Man hätte nicht vermutet, dass er mit Frau Elisabeth verheiratet sei. Reißmann gehörte einer katholischen Studentenverbindung an und in diesem Kreis verkehrte er auch mit seiner Frau, die Männer verschlangen Elisabeth mit ihren Augen, die Ehefrauen töteten sie mit ihren Blicken.

Zwei Tage später sah ich Elisabeth hinter dem großen Fenster der Konditorei am Hauptplatz sitzen; obwohl ich ein anderes Ziel hatte, betrat ich die Konditorei und fragte sie, ob ich an ihrem Tisch Platz nehmen dürfe.

„Gerne, setzen Sie sich zu mir, zu zweit schmeckt der Kaffee doch viel besser!“

Wir unterhielten uns vorzüglich, ihr Geist und vor allem ihr Charme waren einzigartig. Mein vorsichtig versuchtes Flirten übersah sie, jedoch hatte ich den Eindruck, dass sie meine Versuche mit einem besonders liebenswürdigen, warmen Tonfall ihrer nächsten Worte beantwortete. Sie kam aus Salzburg, hatte in Wien Physik studiert und an der Universität ihren gar nicht zu ihr passenden Ehemann kennengelernt. Sie sagte tatsächlich *„den gar nicht zu mir passenden Ehemann“*. Ich bestellte sogleich zwei Gläser Sekt! Diesen Hinweis auf ihren Ehemann fasste ich als Einladung auf, weiter zu flirten, jedoch sie wurde nach dem Zuprosten merkwürdig kühl, fast abweisend. *„Die lässt mich nicht an sich heran“* dachte ich, und so war es auch.

Wir trafen uns in den nächsten Wochen öfters, jedoch immer zufällig, wir hatten uns nie verabredet. Das Spiel wiederholte sich, sie klagte, oft eher mit einer marginalen Bemerkung, sozusagen durch die Blume, über ihren Mann, dennoch stieg sie nie auf mein Flirten ein.

Im Fasching lud der Absolventenverband des Gymnasiums zu seinem traditionellen Ball ein. Ich war unschlüssig, wo ich Platz nehmen sollte, als mich mein Schulkollege Reißmann an seinen Tisch bat, ich saß nun neben seiner

Frau Elisabeth. Sie trug ein hellgrünes, halblanges, tief dekolletiertes Ballkleid, das ihren Körper begehrenswert zur Geltung brachte; mit ihrem schulterlangen roten Haar sah sie wie die personifizierte Verführung aus. Reißmann war die Freundlichkeit in Person und bald merkte ich die Absicht, als er mich wegen Ferialjobs für seine Schüler im Werk ansprach. Das konnte ich ihm gerne zusagen, viel wichtiger war für mich jedoch, dass ich Elisabeth nun öfters zum Tanz auffordern konnte, war sie ja meine Tischdame. Nach der ersten Flasche Wein schlug Reißmann vor, mich mit seiner Frau zu duzen. Den Bruderschaftskuss deutete sie nur an, beim Tanzen änderte sie ihre Körpersprache, sie tanzte sehr eng, sie schmiegte sich an mich, allerdings beim Tango, und da war es ja angebracht.

An diesem Abend dachte ich, sei das Eis gebrochen, Elisabeth begann zu flirten, sehr zaghaft, aber sie zeigte es mir deutlich. Wir verabredeten uns zu einem Konzertbesuch in Wien; hier in unserer Stadt, wollte sie sich nicht mit mir treffen, was auch mir lieber war.

Wir fuhren getrennt nach Wien, saßen im Konzert nebeneinander, hielten uns wie zwei Gymnasiasten an der Hand, und das war es auch schon. Ihr Flirt war jedoch heftiger geworden, ihre Blicke versprachen, was ihre Worte nicht sagen wollten. Sie blockte jedoch elegant, aber unmissverständlich ab, wenn ich zu deutlich meine Wünsche zu verstehen gab. Nach dem Konzert wollte sie sogleich nach Hause fahren, sie war schon seit dem frühen Vormittag in Wien gewesen, um einige Einkäufe zu machen, sagte sie. Das von mir angebotene Abendessen in einem Inlokal schlug sie aus, vielleicht wusste sie, dass es dann noch ein Après geben könnte, das sie jedoch vermeiden wollte.

Trotzdem war Elisabeth nach unserem Konzertbesuch anders geworden. Sie hatte keine Scheu mehr, sich mit mir öffentlich zu treffen: wir gingen zusammen spazieren, besuchten die Konditorei mehrmals wöchentlich, ja, sie besuchte mich sogar einmal im Werk. Auch wenn wir nicht allein waren, sah sie mich, fast möchte ich sagen, verliebt an. Von meiner Mutter erfuhr ich, dass man über uns zu klatschen begann.

„Die macht doch alle Männer verrückt, nimm dich in Acht Helmut!"

Waren wir jedoch allein, zeigte sie fast mehr Distanz, als in der Öffentlichkeit. Meine Verliebtheit in Elisabeth steigerte sich immer mehr und je distanzierter sie sich gab, umso heftiger. Ich trachtete sie jeden Tag zu sehen, was nicht immer möglich war, aber dann rief sie mich oft an und tröstete mich. Es war mittlerweile Frühling geworden; es war mir nicht gelungen, ihr irgendwie näher zu kommen, sie führte mich sozusagen an der langen Leine, sie spielte mit meiner Verliebtheit, die ihr sehr zu schmeicheln schien, der sie dennoch keinen Schritt entgegenkam.

Die Sommerferien standen unmittelbar bevor und die ganze Stadt sprach von der Bildungsreise, die Professor Reißmann mit seinen Schülern in das antike Griechenland unternehmen wollte. Am ersten Ferientag reisten sie ab, sogar die Regionalpresse berichtete über die Studienfahrt.

Elisabeth war nun Strohwitwe. Gleich nach der Abreise ihres Mannes war sie zwei Tage in Wien gewesen, bei einer kranken Freundin, erzählte sie mir. Noch von Wien aus rief sie mich an und wir verabredeten ein Rendezvous im Stadtwald, auf dem Weg zur Burgruine.

Ich erwartete sie am Waldrand, sie hängte sich bei mir ein und kaum hatten wir den Wald betreten küssten wir uns. Ich glaubte mich nun am Ziel meiner Wünsche und legte meine ganze Leidenschaft in unseren ersten Kuss. Als wir uns lösten sah sie mich etwas abschätzend an, aber schon beim zweiten Kuss merkte ich, dass sie sich eigentlich küssen ließ, sie selbst küsste nicht und auch ihre Hände blieben ruhig. So teilnahmslos hatte mich noch keine Frau geküsst.

Sie sei so wahnsinnig aufgeregt, sagte sie, sie traue sich gar nicht richtig hier mit mir allein zu sein, obwohl sie das schon monatelang ersehnt habe. Sie wolle weg von hier und zwar mit mir, sie hielte es mit ihrem schulmeisterlichen Professor nicht mehr aus.

„Ich sehne mich nach Ferien. Mein Mann ist in Griechenland, ich muss auch raus aus der kleinbürgerlichen Stadt!"

Ich schlug ihr einen Segeltörn in der Adria vor und schilderte ihr den Törn in den buntesten Farben; Elisabeth war einverstanden.

Zwei Tage später fuhren wir in meinem Auto in den Süden. Sie bestand darauf, von Zuhause abgeholt zu werden, meine Bedenken wegen der Optik in der Öffentlichkeit wischte sie mit einer Handbewegung weg, es wäre ohnehin schon fast dunkel. Ich dachte, dass Elisabeth mit unserer Reise vollendete Tatsachen schaffen wolle, um sich von ihrem Mann trennen zu können. Ich begehrte sie schon fast bis zum Wahnsinnigwerden, jedoch sie blockte jede meiner Zärtlichkeiten im Auto ab.

„Lass das im Auto, ich habe auch Sehnsucht nach dir, heben wir uns das für später auf!" und nach einer Weile sagte sie, wie wenn sie über uns nachgedacht hätte und nun zu einem Entschluss gekommen wäre:

„Machen wir Rast in einer Autobahnstation, in Zöbern haben sie Zimmer, dort habe ich einmal mit meinem Mann übernachtet.“

Ich war in Hochstimmung, sie legte ihre linke Hand auf meinen rechten Oberschenkel.

„Fahr nicht so schnell, wir kommen noch früh genug nach Zöbern!“

In Zöbern mietete ich ein Zweibettzimmer. Elisabeth bestand darauf, ihr Gepäck, es war nur ein Koffer, mit in das Zimmer zu nehmen.

„Jetzt habe ich tüchtigen Hunger bekommen, essen wir zuerst etwas!“ sagte sie gleich nach unserer Ankunft.

Ich war von ihrem Appetit überrascht, sie aß ein halbes Grillhendl und noch eine Nachspeise. Und das vor einer Liebesstunde, der ersten Liebesstunde mit mir, dachte ich. Als ich Kaffee bestellte, wollte sie nichts mehr bestellen.

„Ich geh schon voraus auf unser Zimmer. Bitte komm nicht sofort nach, erst in 20 Minuten, du verstehst, bitte wirklich nicht früher kommen!“ und dabei zwinkerte sie mir zu.

Es wurden sehr lange 20 Minuten, ich glaube, dass ich alle 30 Sekunden auf die Uhr geschaut habe. Endlich war es soweit, in freudigster Aufregung betrat ich das Zimmer, Elisabeth war nicht zu sehen! Weder im Badezimmer noch in der Toilette konnte ich sie finden, und da bemerkte ich, dass auch ihr Koffer nicht mehr im Zimmer war, sie war verschwunden. Weder eine Nachricht noch irgendein Zeichen, das auf ihre spontane Abreise hinweisen könnte, hatte sie zurückgelassen. Meinen Handyanruf nahm sie nicht an, und ich verzichtete, eine Nachricht zu hinterlassen. Der Portier wusste ebenfalls nichts von ihrem Weggang.

Ich ging zu meinem Wagen, in dem noch ihre große Korbtasche mit Badeutensilien unter den Rücksitzen stand; auch am Auto war keine Nachricht Elisabeths. Ich wartete über eine Stunde auf ihre Rückkehr, doch ich wusste, dass sie nicht mehr zurückkommen würde. Nun hatte ich die Lust auf den Segeltörn verloren, der allein auch nicht mehr möglich war. Ich kündigte sofort das vor zwei Stunden gemietete Hotelzimmer und reiste noch am selben Abend weiter. Ich fuhr nach Pörtschach und machte dort eine Woche Urlaub.

Als ich nach einer Woche nach Hause kam, rief mich noch am selben Tag Herr Reißmann an, auch er war gerade zurückgekommen. Mit aufgebrachter Stimme fragte er mich, wo seine Frau sei. Auf meine Antwort, dass ich das nicht wüsste, wurde er erst richtig zornig und begann mich zu beschimpfen. Ich müsse dies doch wissen, da Elisabeth mit mir, in meinem Wagen von hier weggefahren sei!

„Ich hab deine Frau nur bis zu einer Autobahnraststelle mitgenommen, wo sie dann hinging, weiß ich nicht!“

Eine Woche später war von Elisabeth noch immer kein Lebenszeichen gekommen. Herr Reißmann erstattete eine Abgängigkeitsanzeige, und nun begann die Polizei auch bei mir nachzuforschen, da ich der Letzte gewesen sei, der sie offenbar gesehen hatte. Ich wollte Elisabeth nicht bloßstellen und sagte, dass ich sie bloß bis zur Raststelle Zöbern mitgenommen hätte und über ihren weiteren Verbleib nichts wisse.

Ihrer Wiener Freundin hatte sie allerdings erzählt, dass sie mit mir einen Segeltörn in der Adria vorhabe. Elisabeth war nun schon die dritte Woche abwesend. In der Zwischenzeit hatte man im Hotelzimmer Elisabeths Handy gefunden, es war hinter ein Sideboard gerutscht und auf

„Ruhig“ gestellt. Das Hotel rief nun die zuletzt gespeicherten Nummern an, das waren die vielen Anrufe ihres Mannes, und so gelangte das Handy letztlich auch in die Hände der Polizei. Die Polizei hatte zu diesem Zeitpunkt schon die Aussage der Freundin, dass Elisabeth mit mir abgereist sei, und begann in der Raststelle zu recherchieren.

„Sie haben dort am Abend des 5. Juli ein Zimmer gemietet, dieses allerdings nach zwei Stunden wieder verlassen, wie erklären sie das?“

„Ich wollte dort übernachten, habe es mir jedoch nach dem Abendessen anders überlegt und bin noch in der gleichen Nacht nach Pörtschach weitergereist.“

„Und Frau Reißmann ist doch mit Ihnen gefahren!“

„Nein, wir hatten uns dort getrennt.“

„Haben Sie gestritten, sie hatten doch eine Beziehung zu Frau Reißmann, das weiß hier doch jeder! Und Sie hatten doch ein Zweibettzimmer im Hotel gemietet!“

„Ich habe weder eine Beziehung zu Frau Reißmann gehabt, noch haben wir gestritten!“

„Wo ist sie dann?“

Ob sie irgendwelche Gepäckstücke oder Kleider zurückgelassen habe, wurde ich gefragt. Da erinnerte ich mich an ihre Korbtasche mit den Badeutensilien, die sie im Auto vergessen hatte und die noch im Kofferraum sei. Die Tasche händigte ich der Polizei aus. In der Stadt begannen viele Leute, besonders aus meinem Bekanntenkreis, mir aus dem Weg zu gehen.

Die Polizei stand vor einem Rätsel und weil noch immer keine Nachricht von Elisabeth vorlag, begann man ein Verbrechen in Betracht zu ziehen. Ich wurde nun regelrecht verhört, es ging nicht mehr um eine Ehestörung oder um die Verschleierung einer Affäre, sondern um die Aufklärung einer eventuellen Untat.

In der Badetasche hatte man einen gebrauchten Slip Elisabeths mit eindeutigen Spermaspuren gefunden, Nun musste ich für einen DNA-Test Speichelproben abgeben; der Test verlief negativ. Als ich von dem negativen Ergebnis erfuhr, verlangte ich, die Spuren mit Reißmanns DNA-Proben zu vergleichen; das hatte man schon gemacht, auch dieser Test war negativ verlaufen.

Es war also ein dritter Mann im Spiel und jetzt fiel es mir wie Schuppen von den Augen. Auf einmal verstand ich das zurückhaltende Liebesgetändel Elisabeths mir gegenüber. Sie wollte die Aufmerksamkeit ihres Mannes von ihrem wirklichen Liebhaber fernhalten und auf mich lenken. In meiner nichtsahnenden Verliebtheit spielte ich ihr Doppelspiel perfekt mit.

Die Polizei zog ähnliche Schlüsse aus den Untersuchungsergebnissen und damit wurde es für mich mehr als eng. Nun wurde eine Eifersuchtstat nicht mehr ausgeschlossen. Der Ehemann hatte das beste Alibi, er war mit seinen Schülern zum Zeitpunkt von Elisabeths Verschwinden in Griechenland. Ich hatte für die Zeit zwischen meiner übereilten Abreise aus dem Hotel und der Ankunft in Pörtschach kein Alibi, im Gegenteil, die spontane, nicht geplante Abreise und die Kündigung des Zweibettzimmers zwei Stunden nach meiner Ankunft, machten mich noch verdächtiger.

Die Polizei fand keinen Anhaltspunkt für irgendein Verbrechen, weder mir konnte sie etwas anlasten, noch ihrem Ehemann und für die Existenz des dritten Mannes, gab es lediglich die Spermaspuren. Ich befürchte nun mit Recht, dass wie immer das ausgehen werde, die Schuld am

Verschwinden Elisabeths an mir hängen bleiben würde. Und Elisabeth blieb wie vom Erdboden verschwunden.

Ich beauftragte einen Detektiv mit der Suche nach Elisabeth, die Polizei wusste nicht mehr weiter und wartete offenbar auf einen Zufall, vielleicht nahm sie an, dass sich Frau Reißmann, wenn sie noch lebte, einmal melden würde. Mir lief aber die Zeit davon. Im Werk hatte mich der Firmeninhaber schon eindeutig aufgefordert, die Angelegenheit raschest in Ordnung zu bringen; das „Sonst" dachte ich mir dazu.

Doch wo sollte der Detektiv beginnen? An Elisabeths Mann konnte er sich schlecht wenden; dieser hatte noch immer mich in Verdacht, an dem Verschwinden seiner Frau Schuld zu sein, wenn nicht sogar an noch mehr. Da erinnerte ich mich an unseren Konzertbesuch im Winter, als Elisabeth bevor sie mich im Konzerthaus traf, bei einer Freundin gewesen war und zwar den ganzen Tag über. Auch dass sie mit mir Urlaub machen wolle, hatte sie dieser Freundin, einer Frau Gerti Laster, gesagt, wie aus dem Polizeiprotokoll hervorging.

Es gelang mir Frau Laster im Telefonbuch zu finden und ein Treffen mit ihr zu vereinbaren. Frau Laster war eine schon ältere Dame; Elisabeth hatte, als sie noch studierte, ihrer Tochter Nachhilfeunterricht erteilt. Die Bekanntschaft hatte sich zur Freundschaft zwischen den Frauen entwickelt, obwohl deren Altersunterschied sicher über zwanzig Jahre betrug. Frau Laster hatte tatsächlich keine Ahnung, wo sich Elisabeth aufhielt, war jedoch sehr besorgt über deren Verbleib. Ich bin sicher, dass sie meinen Unschuldsbeteuerungen Glauben schenkte, ich hatte ihr auch von meiner erfolglosen Verehrung Elisabeths berichtet; vielleicht festigte gerade dieses Bekenntnis ihr Vertrauen zu mir.

Frau Laster erinnerte sich ziemlich gut an den Tag unseres Konzertbesuches. Elisabeth war tatsächlich einige Stunden am Vormittag bei ihr gewesen, aber schon knapp vor dem Mittagessen, das sie schon vorbereitet hatte, weggegangen. Vorher hatte Elisabeth ein Telefongespräch geführt, mit wem wusste sie nicht. Sie hatte jedoch gehört, dass sie sich mit jemandem in einem Espresso in der Neubaugasse treffen wollte.

„Ja, das ist sicher, sie erkundigte sich noch nach Parkgaragen in der Neubaugasse oder in der Nähe, ja, ganz sicher, sie wollte in die Neubaugasse!"

Der Detektiv, ein ehemaliger Hauptmann des Bundesheeres, er legte auch Wert, mit Hauptmann Quast angesprochen zu werden, wertete dies als ersten brauchbaren Hinweis. Er benötigte jedoch für seine weiteren Ermittlungen ein oder mehrere Fotos von Elisabeth. Da erinnerte ich mich an den Ball des Gymnasiums im Fasching, dort wurde vom einzigen Fotografen der Stadt viel fotografiert, die Fotos waren auch gegen Ende des Balls im Vorraum des Ballsaales ausgestellt gewesen, ich hatte keine gekauft. Nun suchte ich das Fotostudio auf; es waren noch viele Ballfotos vorhanden und ich fand wirklich drei Fotos, auf denen Elisabeth deutlich zu erkennen war, eines, auf dem sie in die Kamera lacht, ließ ich vergrößern.

Hauptmann Quast klapperte nun die Espressos der Neubaugasse ab, anfangs ohne Erfolg, er wollte schon aufgeben, als er noch ins Kaffee Ritter ging, gegenüber der Neubaugasse, in der Mariahilfer Straße. Der Oberkellner konnte sich anhand der Fotos an die sehr auffällige Dame, ich hatte ihre Kleider, die sie damals trug auch beschrieben, erinnern. Vielleicht auch nur deswegen, weil sie mit einem seiner Stammgäste hier gewesen war, auf den sie fast eine Stunde gewartet hatte und mit steigernder Ungeduld sich bei ihm nach Herrn Dr. Richer, so hieß der Stammgast, erkundigt hatte. Noch im Kaffeehaus ermittelte Hauptmann Quast die Adresse Dr. Richers; im Wiener Telefonbuch war nur einer seines Namens angeführt.

Dr. Richer war Besitzer eines größeren Vermessungsbüros. Auf die telefonische Anfrage des Detektivs, wurde ihm mitgeteilt, dass der Chef sich in einem längeren Urlaub befinde. Als sich Hauptmann Quast bei einem späteren Telefonanruf als Bekannter Dr. Richers meldete, bekam er trotzdem keine Auskunft und auch nicht die private Handynummer des Chefs. Nun legte sich Hauptmann Quast auf die Lauer, er beobachtete das Haus in der Richtergasse, einer Seitengasse zur Neubaugasse im 7.Wiener Gemeindebezirk, in dem sich das Vermessungsbüro befand. Schon am ersten Tag beobachtete er einen Mann und eine junge Frau, die mit Mappen unter den Armen, einem Instrumentenkoffer und einem Stativ das Haus verließen. Hauptmann Quast folgte den beiden bis zu einem Auto, in dem er einige rotweiß gestreifte Meßlatten ausnehmen konnte. Doch als er sein Auto holte, das er in einer anderen Straße geparkt hatte, waren die beiden bereits weggefahren.

Nun kannte er das Auto. Am nächsten Tag wartete er in seinem Auto einige Autolängen hinter dem Vermessungsauto, zufällig war gerade als er ankam eine Parklücke frei geworden. Er hatte diesmal seinen Schäferhund Apollo mitgenommen, einfach weil ihn dieser so traurig angesehen hatte, als er das Haus verließ. Er musste nicht lange warten bis die beiden, die er schon am Vortag beobachtet hatte, zu ihrem Auto kamen und wegfuhren. In angemessener Entfernung folgte er dem Auto bis nach der Wienerwaldgemeinde Gablitz. Die beiden blieben vor einer größeren Wiese am Weg zur Hochramalm stehen, Hauptmann Quast fuhr an ihnen vorbei und parkte einige hundert Meter weiter sein Auto. Nach etwa einer halben Stunde schlenderte er, seinen Hund an der Leine, an der Wiese vorbei und konnte tatsächlich den beiden beim Vermessen zusehen.

Als er merkte, dass die beiden auf ihn aufmerksam geworden waren, sie sahen öfters zu ihm hin, löste er Apollo von der Leine und schickte ihn auf die Wiese. Und damit hatte er einen Anlass, auf die beiden zuzugehen. Die junge Frau begrüßte den Schäferhund noch bevor Hauptmann Quast gegrüßt hatte. Der Kontakt war hergestellt, er freute sich, seiner Intuition nachgegeben zu haben, als er Apollo mitgenommen hatte. Es ergab sich ein zwangloses Gespräch über Apollo und ganz nebenbei brachte Hauptmann Quast die Rede auf die Vermessung. Er bewunderte das Infrarotgerät, und bereitwillig gab der Mann Auskunft auf seine Fragen, sie waren offenbar nicht unfroh über die Abwechslung; das recht hohe Gras der Wiese war noch vom Nachttau nass und sie wollten etwas warten, bis die Morgensonne dieses abgetrocknet haben würde.

Nun erzählte Hauptmann Quast, dass er in Tullnerbach ein Grundstück besitze, jedoch der Grenzverlauf zu einem Bach hin nicht eindeutig sei, wo er und wie er das feststellen könne?

„Besorgen Sie sich eine Kopie aus der Kataster-Mappe, eventuell auch einen Teilungsplan!“

Nun stellte sich der Detektiv so unbeholfen und unpraktisch an, dass die junge Frau begann, ihm das alles nochmals zu erklären.

„Das alles ist mir zu fremd, da finde ich mich niemals zurecht. Könnten Sie das für mich machen, selbstverständlich nicht kostenlos, wäre das möglich?“

Apollo stupste gerade wieder die Frau an, die ihn bis jetzt gestreichelt hatte, und da sagte sie zu. Er solle die Grundstückdaten bringen, dann könnte man ihm behilflich sein.

Hauptmann Quast fuhr sofort nach Hause, holte den Grundbuchsauszug seines Grundstückes und kam gerade zur Mittagszeit wieder in Gablitz an. Die Katastermappe könnten sie aus dem Internet herunterladen und ihm morgen bringen. Da lud sie Hauptmann Quast als kleines Dankeschön in den Gablitzerhof zum Mittagessen ein, denn ein Entgelt wollen sie auf keinen Fall nehmen. Sie sprachen von ihrer Arbeit, von der Kanzlei und vorsichtig brachte er das Gespräch auf den Chef Dr. Richer.

„Ich kenne einen Herrn Richer, der ist gerade Bergsteigen in den Anden!“

Nein, das ist nicht unser Chef, der ist auf einem Segeltörn in der Adria, wahrscheinlich aber gerade in der Ägäis. Und sie erzählten von dem tollen Segelboot des Chefs, das nach seiner Tochter „Ramona“ hieß und er wäre schon über vier Wochen von der Kanzlei fort.

Ob denn das ginge?

Ja, jede zweite Woche komme er für drei bis vier Tage nach Wien, arbeite wie ein Berserker fast Tag und Nacht in seinem Büro, um dann sofort wieder zurückzufliegen, zuletzt nach Athen. Hauptmann Quast hatte nun fürs erste genug gehört, mehr war ohne Verdacht zu erregen, nicht zu erfahren.

Hauptmann Quast setzte sich nun mit einem griechischen Kollegen in Verbindung, dem er einmal in Wien bei einer Ermittlung geholfen hatte. Er sandte Herrn Markopolus die Fotos Elisabeths und auch ein Foto Dr. Richers aus seiner Kanzlei-Homepage, sowie alle Daten, die er sonst noch wusste. Nach drei Tagen hatte der Detektiv Markopolus die Segeljacht gefunden und einen Tag später sandte er Fotos per E-Mail an Hauptmann Quast, die Elisabeth und Herrn Dr. Richer auf der Jacht, in einem Restaurant und auf der Straße zeigten; es war eindeutig Elisabeth. Hauptmann Quast setzte sich nun mit der polizeilichen Ermittlungsbehörde in Verbindung, er hatte gute Kontakte dorthin, und legte die Fotos und den Bericht seines griechischen Kollegen vor. Nun wurde die Polizei wieder aktiv; als Dr. Richer drei Tage später am Schwechater Flughafen für einen Kurzbesuch ankam, wurde er von der Polizei in Empfang genommen und nach dem Verbleib Elisabeths befragt.

Zuerst leugnete er jede Bekanntschaft mit Frau Elisabeth, angesichts der Fotos gab er dann nach und nach zu, mit ihr auf einem Törn zu sein. Geleugnet wolle er nur aus Rücksicht auf Frau Elisabeth haben, um ihre Ehe nicht zu gefährden. Noch im Beisein der Polizei rief Dr. Richer Elisabeth an, setzte ihr die Sachlage auseinander und redete ihr zu, nach Hause zu fliegen. Der Polizist, der das laut geführte Telefongespräch mithören konnte, berichtete Hauptmann Quast, dass sie sich anfangs geweigert habe und sich auf ein Eheversprechen berufen habe. Dr. Richer soll in scharfem Ton erwidert haben, dass das überhaupt nicht in Frage käme.

Drei Tage später kehrte Elisabeth zu ihrem Mann zurück und erklärte ihm, dass sie das Alleinsein ohne ihn, in der „feindlichen“ Kleinstadt nach seiner Abreise nach Griechenland nicht ertragen konnte und sich wegen beginnender Depressionen auf eine Almhütte eines Onkels in den Salzburger Bergen zurückgezogen habe. Das Handy, das im Hotelzimmer gefunden wurde, müsse sie im Auto Helmuts verloren haben. Ob Reißmann ihr Glauben schenkte, oder nur gute Miene zum bösen Spiel machte und froh war, seine hübsche Frau wieder bei sich zu haben, erfuhr ich nicht.

Reißmann verhielt sich mir gegenüber, als wäre nie etwas zwischen uns vorgefallen, auch ich machte keine Erwähnung, ich war ja auch von ihr betrogen worden, freilich anders als ihr Ehemann. Im nächsten Fasching traf ich Elisabeth wieder am Gymnasiumball, Reißmann bat mich wiederum an seinen Tisch; es war mir mehr als unangenehm, der Klatsch in der Stadt war keineswegs verstummt, und ich spielte dabei keine rühmliche Rolle. Elisabeth saß wieder neben mir, wir unterhielten uns nicht gerade einsilbig, aber eine flüssige Unterhaltung kam nicht zustande. Ich wollte das Dekor auf alle Fälle wahren.

Da wendete sie sich an ihren Mann und fragte ihn, ob er was dagegen habe, wenn sie meine Aufforderung zum nächsten Tanz annehme, oder ob er jetzt mit ihr tanzen wolle. *Du Biest,* dachte ich, nahm aber die mir in den Mund gelegte Aufforderung an. Sie tanzte sehr eng, heute war ich es, der Abstand suchte.

„Warum so distanziert, Helmut?"

„Brauchst du wieder einen Alibiliebhaber?"

„So ein bisschen verliebt in dich war ich doch schon seit ich dich kennen gelernt habe!"

„Warum dann Dr. Richer?"

„Er hatte versprochen, mich zu heiraten, wenn ich mich scheiden lasse. Ich wollte nichts wie raus, weg von hier. Kannst du mich verstehen?"

„Und jetzt hat er dich sitzen lassen, und da bin ich wieder dran, Elisabeth?"

„Kannst du dich nicht in eine Frau, in mich hineindenken?"

„Ja, durchaus, aber in dich nicht!"

Und da war der Tanz zu Ende.

* * *

Nach der langen Erzählung Helmuts verlangte es geradezu wieder nach gemeinsamer Unterhaltung. Frau Almut griff zur Gitarre und stimmte das erste Lönslied an; mit Begeisterung fielen alle in den Gesang ein; Löns beherrschte die Gemüter, man begann alles mit seinen Augen zu sehen, seine Lieder legten einem geradezu die Gedanken in den Mund. Man prostete Frau Almut für ihr Gitarrespiel zu, Frau Elke für den exzellenten Fasanenbraten und dem Hausherrn für den süffigen Rotspon.

Der Einwand des Hausherrn, daß er Blaufränkischen aus Deutschkreuz im Burgenland serviert habe und keinen in Eichenfässern gelagerten Bordeaux, wurde mit einem neuerlichen Prost beantwortet. Und dann kam man auch wieder auf Löns zu sprechen, auf seine Bücher, die noch immer gern gelesen werden und auch auf die Lönsfeier in Pulkau. Herr Volker Rapold, er war das letzte Mal nicht dabei gewesen, erzählte, wie er vor über vierzig Jahren die Lönsfeiern in Pulkau erlebt hatte.

Lönsfeier in Pulkau

Die Lönsbegeisterung habe ich von meinem Vater geerbt, Löns war sozusagen ein Teil seines Erziehungsprogramms, das mir und meinen Geschwistern die Natur, die Landschaft, die Sprache der einfachen Leute aber auch die herrlichen Lieder näher gebracht hatte. Schon als Schüler war ich einige Male in Pulkau gewesen und hatte dort mit Vater an dem 1932 errichteten Lönsstein einen Eichenbruch oder auch einen Strauß Feldblumen niedergelegt.

Ich war schon viele Jahre nicht mehr am Lönsstein gewesen, nicht dass ich den Heidedichter vergessen hätte oder keinen Gefallen mehr an ihm gefunden hätte, aber Studium, erste Berufsjahre hatten andere Prioritäten für meine Freizeitgestaltung gesetzt. Doch kurze Zeit später, bei der Sonnwendfeier auf dem Wiener Schafberg hatte ich eine junge Dame kennengelernt; nachdem das Feuer niedergebrannt war, saßen wir im großen Kreis rund um die nun nieder brennende Glut und sangen Studentenlieder, Wanderlieder und eben auch einige Lönslieder. Mir schien, dass sie die Lönslieder mit besonderer Begeisterung sang. Ob sie Lönsliebhaberin sei, fragte ich sie. Ja, nicht nur seine Lieder, auch seine Erzählungen, die Tiergeschichten und Romane liebe sie sehr.

So kamen wir ins Gespräch und es war nicht nur unser gemeinsames Interesse an Hermann Löns, das mich zu ihr hinzog; Karin war eine sehr hübsche junge Dame und in ihrem Dirndl sah sie reizend aus, Löns hätte an ihr seine Freude gehabt. Als wir in der Nacht zu Fuß vom Schafberg abstiegen, hielten wir uns an der Hand, und immer wenn wir stehen blieben küssten wir uns. Karin war zu Besuch in Wien bei einer ehemaligen Schulfreundin vom Sacré Coeur. Am nächsten Tag trafen wir uns wieder, aber dann musste Karin nach Hause, nach Salzburg fahren. Ich rief sie mindestens zweimal in der Woche an, sie versprach bald wieder nach Wien zu kommen, meinen Besuch in Salzburg wollte sie nicht.

In der letzten Augustwoche kam sie endlich; sie wohnte wieder bei ihrer Freundin Monika. Schon am Abend ihrer Ankunft trafen wir uns beim Heurigen in Perchtoldsdorf; Monika blieb nicht lange bei uns, sie wollte noch ihren Freund treffen. Ich hatte alles um mich vergessen, als ich Karin in meinen Armen halten konnte, das Weinlaub über unserem Natursépärée entzog uns allen fremden Blicken, aber zusammen bleiben konnten wir nicht, Karin musste die letzte Straßenbahn erreichen, um rechtzeitig zu ihrer Freundin zu kommen. Am nächsten Tag wollten wir mit der Eisenbahn zum Lönstreffen nach Pulkau fahren, die Freundin fuhr nicht mit.

Vormittags trafen wir einander am Bahnhof Praterstern und fuhren mit der Nordwestbahn bis nach Zellerndorf. Karin hatte eine kleine Reisetasche mitgebracht, wir wollten in Pulkau übernachten. In ihrem Dirndl sah sie wieder wunderbar aus. Die Eisenbahnfahrt wurde uns ein zärtliches Erlebnis. Wir sprachen von Löns, von seinen Liedern und Gedichten, doch als wir dann ab Hollabrunn allein im

Abteil waren, sprachen wir nichts mehr, Karin saß auf meinen Knien und wir sangen unsere eigenen Liebeslieder. In Zellerndorf mussten wir über eine Stunde auf den Anschlusszug der Pulkautalbahn warten. Der Bahnhof liegt über drei Kilometer vor der Ortschaft Pulkau und so hatten wir einen langen, und in der heiß herunterbrennenden Augustsonne auch ermüdenden Fußmarsch vor uns.

Im Gasthof Rieck, einem uralten Einkehrgasthof angekommen, tranken wir zuerst jeder ein Seidl Bier. Nun sollte die Zimmerfrage auf mich zukommen: zwei Einzelzimmer oder eine Doppelzimmer? Wie würde Karin entscheiden? Da kam Frau Rieck an unseren Tisch und erklärte, dass sie das schöne Zimmer bereits für uns zu Recht gemacht habe. Wir sahen uns an, Karin lächelte mich an, es war kein Vorbehalt in ihrer Miene. Wir brachten unser Gepäck, zwei Reisetaschen, auf das Zimmer.

„Ist das ein Museum? So was habe ich noch nie gesehen!“ staunte Karin.

Im Gasthof Rieck schien tatsächlich die Zeit stillzustehen. Der Wirt wusste noch aus Familienerzählungen von der Einquartierung der napoleonischen Soldaten 1809 und auch der Preußen 1866. Gemessen an diesen Erinnerungen war allerdings die Zimmereinrichtung geradezu modern: zwei altdeutsche hohe Ehebetten, mit hohen Federtuchenten und ebensolchen Kopfpolstern, ein altdeutscher Kleiderschrank und ein Waschtisch mit Marmorplatte und hohem Spiegel und auf dem Tisch ein Porzellanlavoir; in dem Lavoir stand ein mit Wasser gefüllter Porzellankrug. Auf den Tisch hatte die Wirtin einen Strauß Wiesenblumen gestellt. Die Vorhänge waren echte Häkelarbeit, an der Wand hing ein großer Farbdruck, der einen Elfenreigen zeigte. Der Luster mit bunt bemaltem Porzellanschirm wurde offenbar einmal aus einer Petroleumlampe umgebaut. Die flauschigen Teppiche auf beiden Seiten des Bettes passten nicht ganz zu der altdeutschen Einrichtung, waren später aber angenehm auf den Fußsohlen zu spüren.

„Karin, wir sind auf einer Reise in die Zeit von Hermann Löns, einer Reise in die Vergangenheit!“

„Ich dachte an eine Liebesreise!“

„Das hängt doch nur von uns ab, wie wir die Zeit hier erleben werden!“

Und da nahm ich sie in meine Arme und wir beide vergaßen die altdeutsche, geschnitzte und gedrechselte Zimmereinrichtung. Allerdings sagte Karin dann, dass die Tuchenten doch etwas klamm seien und auch der Geruch sei etwas altdeutsch. Auf das Mittagessen hatten wir vergessen.

Im Gasthaus tranken wir Kaffee und dann machte wir einen Rundgang durch die alte Marktgemeinde, Stadt wurde Pulkau erst 1985: die alte Pfarrkirche, die Heilig-Blut Kirche, das „Pulkauer Bründl“ mit der Kapelle, Karner von Pulkau, der Rote Hof und das Rathaus. Nun war es aber Zeit geworden, zum Lönsstein zu gehen; am Weg dorthin hielt der mir bekannte Geometer Helmut Hofbauer aus Retz sein Auto an und nahm uns zum Lönsstein mit, auch er wollte dorthin.

Die Nachmittagssonne schien schon etwas schräg von Westen her durch den Wald am Aufstieg auf den Heidberg zum Lönsstein. Der Lönsstein ist ein fast mannshoher Granitfindling, in dem ein Bronzemedaillon mit dem Konterfei Hermann Löns´ eingelassen ist; der Pulkauer Lehrer Egon Geier hatte 1932 den Lönsstein eingeweiht. Eine große, stattliche Anzahl Lönsfreunde empfing uns. Das Pulkautaler Jagdbläsercorps eröffnete die Feierstunde. Der Obmann des österreichischen Lönsverbandes Hans-Heinz Dum hielt die Festansprache und übersetzte die Anliegen des Dichters, sein Eintreten für eine unberührte Natur in die Jetztzeit, Karin flüsterte mir zu, dass sie glaube, Löns selbst sprechen zu hören. Dann intonierte die Chorvereinigung Pulkau einige bekannte Lönslieder. Harald Cajka las die Erzählung „Im Märchenwald“ von Hermann Löns und dann griff Professor Ernst Wilmersdorf zur Gitarre und stimmte die „Heidemarie“ und andere bekannte Lieder des Dichters an; nun sangen wir alle mit. Die Sonne stand jetzt schon ziemlich tief und schien fast waagrecht durch die Bäume, es war auf einmal richtige Lönsstimmung, die Stunde der Ulenflucht. Eine Dame der Lönskreises legte einen kleinen Kranz geflochtener Wiesenblumen auf den Lönsstein, Wilmersdorf sang noch die Vogelhochzeit und mit dem Abschlusssignal des Jagdbläsercorps war dann die Feierstunde zu Ende.

Mein Freund aus Retz nahm uns wieder in seinem Auto nach Pulkau mit. Der große Saal im ersten Stock des Gasthofes Rieck war gesteckt voll. Während die Lönsfreunde auf das bestellte Essen warteten, erledigte der Obmann einige organisatorische Notwendigkeiten. Es war eine fast fühlbare Harmonie unter den vielen Mitgliedern.

Nach dem Essen ging die Feier weiter, sie hatte jedoch einen anderen Schwerpunkt, wir staunten wie viele Dichter aus der unmittelbaren Umgebung gekommen waren, einige waren auch von weither angereist. Sicher war es die Initiative des Obmanns, des Weinheberfreundes Hans Heinz Dum, der die vielen Poeten hier versammeln konnte. Lois Schieferl las aus seinem neuen Gedichtband in Weinviertler UI-Mundart vor, auch Adolf Jagenteufel, Karl Cajka berichtete über das Treffen Löns mit Stauf von der

March in Wien und dann sprach der damals noch recht bekannte Dichter Karl Bosek-Kienast, der trotz seiner kleinen Gestalt mit seinen euphorisch vorgetragenen Versen, die Korona in Begeisterung versetzte. Die norddeutsche Lönsatmosphäre hatte einen Weinviertler Heimatklang bekommen; die heimische Mundart und der Pulkautaler Wein waren eins geworden, die Stimmung wurde immer fröhlicher.

„Von diesen Dichtern habe ich noch nie gehört, ich verstehe deren Mundart nicht ganz, aber sie gefallen mir!“ flüsterte mir Karin ins Ohr, was sie weiter sagte verstand ich nicht, lebhafter Applaus bedankte gerade den Vortrag Hans Heinz Dums.

„Was sagtest du, Karin?“

„Ob sich das Löns auch angehört hätte?“

„Nicht, wenn du neben ihm gesessen wärst. Geh voraus, ich komme gleich nach!“

Am nächsten Morgen erwachten wir erst sehr spät, die Morgentoilette war etwas umständlich, ich holte heißes Wasser aus der Küche und so ging es einigermaßen.

„In Großmutters Jugend war das Lavoir mit Wasserkrug Standard und die war auch eine reinliche, fesche Frau!“ meinte Karin.

Beim Frühstück waren wir nicht allein in der Gaststube, es war Sonntagmorgen und der „Stammtisch“ saß schon beim Frühschoppen. Einige Lönsfreunde hatten ebenfalls im Gasthof Rieck übernachtet, die sich nach dem Frühstück im Gastgarten, hinter dem Haus zusammenfanden, auch Gäste, die in anderen Gasthöfen wohnten, waren gekommen. Als Ernst Wilmersdorf die Gitarre anschlug und die ersten fröhlichen Lieder erklangen, war die Stimmung sofort wieder da. Unter den Gästen waren auch einige Burschenschafter, die sangesfreudig einstimmten, allerdings wurden dann auch viele Studentenlieder gesungen. Nach dem Mittagessen löste sich die sangesfreudige Runde auf, man fuhr wieder nach Hause.

Ich hatte vorsorglich, als ich von Karins Kommen erfuhr, eine Woche Urlaub genommen. Sollte sie nicht länger bleiben können, war ich entschlossen, mit ihr nach Salzburg zu fahren. Karin war Lehrerein in einem Mädchengymnasium, das gab es damals noch, und der Unterrichtsbeginn war erst in der zweiten Septemberwoche.

„Bleiben wir noch eine Woche hier in Pulkau, Volker, ich habe noch Ferien!"

Es wurde die schönste Urlaubswoche, die ich bis dahin erlebt hatte. Selbst der mangelnde Komfort konnte weder unsere Liebe noch unser Wohlbehagen beeinträchtigen. Ja, Karin war geradezu verliebt in das altdeutsche Zimmer.

„Was braucht unsere Liebe mehr, als uns selbst?" fragte sie mich, „wir haben uns von der umtriebigen Welt abgekoppelt, die Zeit ist für uns stehen geblieben!"

Wir gingen stundenlang spazieren, lagen in der heißen Augustsonne auf einer Wiese, umarmten uns und vergaßen alles um uns. Handy gab es damals noch nicht, niemand wusste, wo wir uns aufhielten. Die wellige Landschaft um Pulkau, auf die tagsüber die heiße Augustsonne schien, der Blick über die Weingärten soweit das Auge reicht, die unwahrscheinliche Stille, die über dem Land lag, ließen uns die Tage wie ein Geschenk des Himmels erleben. Einmal besuchten wir noch den Lönsstein auf dem Heidberg. Als wir vor dem Stein in der Wiese saßen, fragte ich Karin, ob sie meine Frau werden wolle. Mit Tränen in den Augen sagte sie:

„Nein, das geht nicht, bitte frag nicht weiter!"

Ich sah sie fast entgeistert an und da wiederholte sie:

„Bitte nicht fragen, auch unsere Liebe hat ihre Zeit.“

Und dann umarmte sie mich so leidenschaftlich, als wenn sie damit ihre Absage wieder zurücknehmen wollte.

Am Rückweg nach Pukau kehrten wir bei einem Heurigen ein. Der Pulkautaler Wein ist wegen seiner Qualität besonders in Wien sehr geschätzt. Karin saß an mich gelehnt auf der Heurigenbank unter einem Nussbaum; sie trank mehr, als ich es von ihr gewohnt war. Nach einigen Achterln hatte sie einen lieben Schwips, sie schlang ihre Arme um meinen Hals und sagte mir vier bis fünfmal ins Ohr, wie sehr sie mich liebe, da küsste ich ihre Liebesworte von ihren Lippen und als wir uns ansahen, weinte sie wieder.

„Warum weinst du, wenn wir uns lieben?“

„Nicht fragen, Volker, bitte nicht!“

Am nächsten Tag mussten wir nach Wien zurück, mein Urlaub war zu Ende, Karin konnte auch nicht mehr länger bleiben, warum sagte sie mir allerdings nicht.

„Das ist das schönste Hotelzimmer, in dem ich je war!“ sagte sie mit Wehmut in der Stimme, als wir das altdeutsche Zimmer verließen. Karin fuhr noch am selben Abend nach Salzburg. Am nächsten Tag rief sie mich an.

„Wir müssen unsere Liebe beenden, ich kann dir das nicht erklären, bitte behalten wir diese schönste Woche meines Lebens in Erinnerung!“ und dann hängte sie auf.

Ich konnte sie telefonisch nicht mehr erreichen, wahrscheinlich war sie in ein anderes Untermietzimmer gezogen. Nach einigen Tagen besuchte ich ihre Freundin Monika und fragte sie nach dem mir unerklärlichen Verhalten Karins. Monika wusste von unserer Liebeswoche in Pulkau. Auf meine Frage sah sie mich lange an, wie wenn sie sich erst eine Antwort überlegen wollte.

„Karin ist verlobt, sie wird in ein paar Wochen heiraten!“

„Das kann ich nicht glauben, das ist nicht wahr!“

„Sie sagte dir doch, dass sie dich nicht heiraten könne.“

„Ihre Liebe sprach anders zu mir!“

„Weil sie dich liebt!“

„Warum heiratet sie dann einen andern?“

Am 21. Juni des nächsten Jahres traf ich Monika wieder bei der Sonnwendfeier auf dem Schafberg. Sie erzählte mir, dass Karin am 18. Mai einen Sohn geboren habe. Er hieße Hermann, nach dem Heidedichter Hermann Löns. Sie habe sich wahnsinnig auf Hermann gefreut, als er dann geboren war, weinte sie drei Tage lang, fast ununterbrochen, sie wusste selbst nicht warum.

Bei Hermann Löns in der Lüneburger Heide

Wir lesen alle, die wir hier um den Tisch sitzen gerne Hermann Löns und doch haben wir einander in einer Gegend kennen gelernt, die mit der Landschaft, die uns Löns so eindringlich beschreibt, so gar nichts gemein hat. Sicher, bei der Lönsfeier am Pulkauer Heidberg spürt man, oder besser, man ahnt die Lönssstimmung, gerade die Stunde der beginnenden Ulenflucht. Vor vielen Jahren, ich studierte im vierten Semester, luden mich Freunde einer uns befreundeten Hamburger Burschenschaft nach Hamburg ein. Ich konnte auf deren Couleurhaus wohnen. Der eigentliche Grund meiner Ferienreise war aber die Lüneburger Heide. Ich hatte schon einige Bücher des Heidedichters gelesen, die ich in der Bibliothek meines Vaters fand und diese weckten eine unbestimmte Sehnsucht, die Heide kennen zu lernen.

Ich wurde gastfreundlich von den Hamburger Germanen aufgenommen; eine Woche machte man mit mir volles Programm, die Germanen zeigten mir alles, was ein Österreicher ihrer Meinung nach unbedingt gesehen haben musste. Als dann in Hamburg die Semesterferien begannen, hatte ich nun Zeit für mich allein, ich fuhr in die Heide.

Wanderkleidung, feste Schuhe hatte ich vorsorglich im Reisegepäck mitgenommen. Ich fuhr mit dem Bus nach Undeloh und wanderte von dort aus zu Fuß weiter. So kam ich nach Wilsede, hier war noch richtige Heide, die Gegend ist das älteste Naturschutzgebiet Deutschlands, Autos sind hier verboten. Ich mietete mich in einem Gasthof ein. Stundenlang durchstreifte ich die Heide, lag unter den Wacholdersträuchern oder Birken im Schatten, las aus Löns´

„Mein braunes Buch“ und sog die Heidestimmung voll in mich ein. Wie muß erst Löns diese Stimmung gefühlt haben, dachte ich, der sie ja selbst lebte. Die Nachempfindung einer Stimmung ist doch nur Abklatsch, Ersatz für das wirkliche, pralle Leben. Aber so kritisch nahm ich meine Stimmung vielleicht gar nicht wahr, erst im Nachhinein sah ich mich in dieser Stimmung, als meine Erinnerung eigenes Erleben reflektierte.

Am nächsten Tag, nach dem Mittagessen im Gasthof überlegte ich, ob ich wegen der heißen Mittagssonne noch ein kühles Bier trinken, oder gleich wieder meine Streifzüge durch die Landschaft aufnehmen solle, da hörte ich den Hufschlag eines Pferdegespanns. Einige Gäste standen jetzt auf und bestiegen das nun vor dem Gastgarten haltende Pferdegespann. Es war ein mit zwei seitlichen Sitzreihen ausgestatteter Kutschwagen, den zwei braune Pferde vorgespannt waren. Da wollte ich mitfahren! Die beiden Sitzbänke waren schon besetzt, als ich den Kutscher fragte, ob ich mitfahren könne; da bot er mit den Platz auf dem Kutschbock, neben ihm an, und das war mir noch lieber. Den Blick nach vorne gerichtet, hatte ich eine wunderbare Aussicht. Gemächlich zogen die zwei PS den Kutschwagen über die sandigen Heidewege. Der Kutscher erklärte nur sehr sparsam die Landschaft, durch die wir fuhren; was sollte er denn auch sagen, und die Heidjer sind wortkarge Leute, das wusste ich aus den Büchern von Hermann Löns. Die Fahrgäste waren dafür umso lauter, es waren fröhliche Rheinländer, die sich schon vorher in die richtige Kirmesstimmung getrunken hatten.

Es war eine herrliche Fahrt auf den einsamen Heidewegen. Ich war versucht, die Augen zu schließen, denn es war mir wie in einem wundersamen Traum. Die blühende rotlila Heide, die dunkelgrünen Wacholderbüsche und die rotstämmigen Föhren waren ein märchenhafter Kontrast, aber die weißen Birkenstämme mit ihren hellgrünen Laubkronen erweckten in mir die Vorstellung blonder Mädchen. Wir fuhren einen fast unbefestigten Weg, zu beiden Seiten standen in unregelmäßigem Abstand Birken, fast wie in einer Allee.

„Vor uns der Totengrund!“ erklärte der Kutscher, „Sie müssen nun absteigen!“

Der Wagen hielt an einer sehr ungünstigen Stelle zum Absteigen, der eiserne Tritt lag recht hoch über dem Sandweg. Der Kutscher und ich standen am Tritt und stützten die durchwegs älteren Herrschaften mit der Hand beim Absteigen. Da kam eine große blonde Dame an den Tritt.

„Danke, ich kann das allein!“ wehrte sie meine ausgestreckte Hand ab, und da rutschte sie auf dem glatten Eisentritt aus und flog direkt in meine Arme.

„Danke, das wäre nicht nötig gewesen!“ bedankte sie sich.

„Dann lägen Sie nun mit zerschundenen Knien im Sand!“ sagte der Kutscher und schmunzelte dabei.

Der Kutscher zeigte uns die Richtung nach dem sehr bekannten Totengrund. Der Totengrund ist ein mystisches Tal mitten im Naturschutzgebiet, es ist die schönste Heidelandschaft die ich gesehen habe. Das lila blühende Heidekraut mit den dunklen Tupfern der Wacholderbüsche ließen den Talkessel fast unwirklich erscheinen. Lange schaute ich den Totengrund, auch die Blondine sah lange hinab, wir waren die letzten, die sich auf den Rückweg machten. Nun gingen wir nebeneinander und beide schwärmten wir von der Schönheit des Tales. Da blieb sie vor mir stehen, breitet ihre Arme weit aus und sagte:

„Gibt es was Schöneres, als diese Landschaft?“

Da umarmte ich sie und wollte sie küssen.

„Was denn! Sind Sie verrückt geworden?“ und dabei stieß sie mich kraftvoll von sich weg.

Ich murmelte mehr als dass ich deutlich sprach eine Entschuldigung. Sie wandte sich von mir ab und ging schnellen Schrittes den anderen nach. Auch im Kutschwagen würdigte sie mich keines Blickes.

Am Abend sah ich sie im Gasthausgarten beim Abendessen. Die Rheinländer waren schon wieder in beste Stimmung gekommen. Einer spielte die Ziehharmonika: Lönslieder, Rheinlieder und Volkslieder. Auf der Terrasse tanzten einige von ihnen und auch andere Gäste folgten diesem Beispiel. Ich stand an den Gartenschanktisch gelehnt, trank ein Bier und überlegte, morgen abzureisen. Morgen abend schlagen die Germanen ihre Semesterschlusskneipe. Da sprach mich von hinten eine Frau an, es war die Blondine vom Totengrund.

„Jetzt trutzt du, warum?“

Sie duzte mich, jedoch war ich mehr überrascht, dass sie mich angesprochen hatte.

„Das fragst du? Ich trutze nicht, ich bin traurig, weil ich mir deine Sympathien vertan habe!“

Da nahm sie mich an der Hand

„Komm, tanzen wir!“

Und wir tanzten und tanzten und sie drückte sich an mich.

„Ich wollte dich küssen, weil mir deine glänzend strahlenden Augen das versprochen haben, als ich dich aufgefangen habe!

„Was du alles sehen willst!“ sagte sie und dabei schlang sie ihre Arme um meinen Hals, ich drückte sie mit beiden

Armen noch fester an mich. Wir tanzten in den dunklen Schatten der Kastanienbäume hinein und darunter küssten wir uns. Sie wehrte sich nicht mehr. Als der Ziehharmonikaspieler eine Pause machte, verließen wir den Gastgarten und wanderten den Sandweg zur Heide hinaus. Die Heide duftete, es war ganz still um uns, wir saßen auf dem noch vom Tag sonnendurchglühten Heideboden und umarmten uns. Die Nacht war so hoch, die Sterne blinkten vom Himmel, ganz weit weg bellte ein Hund und in unserer Liebe waren wir uns so nah.

Als wir zurück kamen waren nur mehr sehr wenige Gäste im Garten. Ich nahm Svanhild bei der Hand und durch die Hintertür des Gasthofes gingen wir in mein Zimmer. Sie verließ mich noch vor dem Frühstück. Sie wohnte in einem Privatzimmer und wollte nicht zuviel Aufsehen bei ihrer Vermieterin erregen.

Beim Frühstück dachte ich an den gestrigen Tag, an die wunderschöne Fahrt mit dem Kutschwagen durch die blühende Heide mit den dunklen Walcholderbüschen aber meine Gedanken blieben bei Svanhild hängen, als sie vom Kutschwagen geradewegs in meine Arme gefallen war. Svanhild war eine große schlanke Frau mit blondem Haar, das sie offen trug. Wenn sie mich küsste nahmen ihre tiefblauen Augen einen leuchtenden Glanz an. Sie war älter als ich, sicher schon Ende Zwanzig, vielleicht auch schon drüber, doch davon sprachen wir nicht. Ihr schlanker Körper wirkte in dem weißen ärmellosen Leinenkleid schon sehr fraulich. Ich war so sehr verliebt in sie, dass mir das alles erst im Nachhinein einfiel. Ich dachte nicht daran, dass unsere Liebe keine Zukunft haben könne, ich war zu jung für sie.

Svanhild holte mich ab, wir wollten durch die Heide wandern. Svanhild arbeitet an einem Buch über die Lüneburger Heide, das Leben der Heidjer wollte sie beschreiben, die wirtschaftlichen Gegebenheiten, den Fremdenverkehr, besonders aber die Landschaft und was die vielen Besucher so anziehe, die Heide zu besuchen. Sie fragte mich immer wieder nach meinen Eindrücken, wenn wir etwas besonders Schönes sahen.

„Svanhild, ich sehe die Heide sicher ganz anders als du, du bist in dieser Landschaft zu Hause, auch wenn du in der Stadt wohnst. Wenn ich an Heimat denke dann zuerst an die Sprache der Menschen, die dort wohnen, an ihre Dialekte, und das ist eine sehr weite Heimat, da gehört auch das Rheinland dazu, die Donau und auch die Mosel und auch die Heide. Aber irgendwo nehme ich Maß für meine Gefühle, besonders wenn ich andere Landschaften sehe, ich merke das sehr deutlich. Da sehe ich die Unterschiede und gerade dadurch kann ich die Schönheit der Heide hier erst richtig sehen."

„Wie meinst du das, Helge?"

„Österreich hat nur wenige ebene Landschaften, die Berge dominieren, die hohen in den Alpen und die weniger hohen im Wienerwald oder Leithagebirge, aber Berge sind es überall. Die Flüsse und Bäche fließen schnell dahin, ja selbst die Donau hat die Strömungsgeschwindigkeit eines Gebirgsbaches, dort wo sie noch nicht reguliert ist. Hier in der Heide, die Örtze, die Luhe, oder die Schwarze Beeke, die heute Wilseder Bach heißt, die fließen alle so langsam, so gemächlich verträumt, als wollen sie die Heide gar nicht verlassen.

Aber der größte Unterschied ist doch die Weite des Landes, man sieht in die Ferne, man braucht dazu nicht einmal den höchsten Berg hier, den 196 m hohen Wilseder Berg besteigen. Den Horizont kann man gar nicht sehen, auch durch den Feldstecher nicht, der ist eine Linie, die man sich zwischen Himmel und Erde denken kann, der Himmel ist auch so hoch, er hat auch keine Grenzen!"

„Helge, wieso siehst du das so ganz anders als ich, aber wieso hat unsere Liebe keine Unterschiede?"

„Wir sprechen doch dieselbe Sprache, leben in derselben Gefühlswelt, es ist nur die unterschiedliche Landschaft, in der wir groß geworden sind, die unsere Erfahrungen ungleich erscheinen lässt!"

Ich sprach nicht weiter, auch Svanhild sagte nichts. Ob die Liebe in der Heide doch anders erlebt wird, als in den Bergen, dachte ich. Wir sahen beide in die Weite der Heide, die Luft zitterte über dem heißen Heideboden.

„In meiner Heimat kann ich nicht in weite Fernen schauen, ja von einem sehr hohen Berg aus schon, jedoch nicht im Tal. Ich sehe den Berg vor mir und dahinter den Himmel, die wandernden Wolken kommen über den Bergrücken geschwommen. Als Kind ging ich oft mit meiner Mutter auf einen vor unserem Haus liegenden Berg, ich dachte immer, dort beginne der Himmel, erst als ich oben war sah ich, dass der Himmel noch höher war, er verschwand hinter dem nächsten Berg, das war der Horizont. Im Gebirge hat die Ferne immer eine Grenze."

Svanhild hatte mich nicht unterbrochen, nur einige Male sagte sie, ich möge doch weitersprechen, und sie nahm meine Schilderungen auf ihrem Diktiergerät auf.

„Jetzt weiß ich, wie ich mein Buch schreiben werde, ich habe die Heide mit deinen Augen gesehen, Helge!"

„Und ich habe sie in deiner Liebe erlebt!"

So wanderten wir drei Tage lang durch die Heide oder fuhren mit geborgten Fahrrädern oft mühsam über die sandigen Heidewege. Einmal besuchten wir einen Schäfer und seine Heidschnuckenherde. Es war die Mittagszeit und die Sonne brannte vom Himmel. Er trieb gerade seine Schnucken in den Stall, um sie vor der Mittagshitze zu schützen, denn ihr dünnes Fell bietet keinen Schutz vor der prallen Sonne; die beiden Schäferhunde halfen ihm dabei, eigentlich trieben sie die Schnucken in den Stall. Lange unterhielten wir uns mit ihm, er lebte in einer Welt, die wir nicht kannten, die uns in ihrer Einfachheit verschlossen blieb. Wir waren stets den ganzen Tag unterwegs, Wasser und belegte Butterbrote ließ ich mir im Gasthof einpacken und trug sie im Rucksack mit mir. Unter dem Schatten von Föhren oder Birken machten wir Rast, schwärmten von der Landschaft und umarmten uns. Müde von den langen Fußmärschen oder Radfahrten kehrten wir abends heim. Einmal hatten wir die Orientierung verloren und fanden erst sehr spät nach Wilsede zurück. In der Nacht hielt ich Svanhild in den Armen.

Sie stand stets vor mir auf, nach dem ersten Sonnenlicht, und ging zu ihrem Privatquartier, oft wartete sie schon beim Frühstück im Gastgarten wieder auf mich.

Und dann kam sie einmal nicht mehr. Sie hatte auf meinen Zimmertisch einen Zettel gelegt.

Wir taten uns lieben,
Drei Tage lang auf grüner Heid,
dann war sie aus die schöne Zeit.

Und das Feuer ist heiß,
und das Feuer brennt sehr,
Doch das Scheiden noch mehr.

Svanhild

Es waren Verse aus „Der kleine Rosengarten“ von Hermann Löns. Das war Svanhilds Abschied, jetzt verstand ich auch ihre Leidenschaft der letzten Nacht. Traurig saß ich beim Frühstück und es war mir, als müsse ich nur warten bis sie käme, wie alle Tage und dann ginge es wieder hinaus in die Heide in unsere Liebe. Sie kam nicht mehr zurück. Ich glaube, dass sie gar nicht Svanhild hieß, als ich sie einmal im Halbschlaf ansprach, fragte sie „Wieso Svanhild?“ Ich glaube auch, dass sie verheiratet war.

Am selben Tag verließ ich Wilsede und wanderte nach Undeloh. Drei Tage verbrachte ich noch in der Heide, besuchte Lönsdenkmal und Grab im Tietlinger Walcholderhain bei Walsrode, die Jagdhütte des Heidedichters bei Westenholz. In Walsrode besuchte ich im Heimatmuseum das Lönszimmer. Dort traf ich wieder auf die rheinische Reisegruppe aus Wilsede. Die Präsidentin des Verbandes der Hermann Löns-Kreise, Frau Monika Seidel, führte uns persönlich durch das Museum. Zu Fuß wanderte ich nach Fallingpostel zu den Siebensteinhäusern, den Megalithgräbern, und zum „Grundlosen See.“ Ich empfand jetzt immer öfter die Heide als traurige Landschaft, sie hatte das fröhliche Lachen Svanhilds verloren. Von der Heidestadt Celle fuhr ich mit einem Leihfahrrad die Aller flussabwärts, an den Mündungen der Örtze und Leine vorbei bis nach Verden. Ich saß am Ufer der Aller und las aus „Mein braunes Buch“ die Erzählung „Die rote Beeke“. Noch heute, nach über tausend Jahren schauderte es mich, von der Hinrichtung der 4500 Sachsen zu lesen, die sich dem Christentum Karl des Großen nicht beugen wollten. Von dort fuhr ich mit der Eisenbahn nach Hamburg zurück und dann war auch mein schöner Urlaub zu Ende.

Aber immer wenn ich an die Heide denke, fällt Svanhild von einem Kutschwagen herunter, direkt in meine Arme.

Ist die Sehnsucht das Glück?

Diese Geschichte könnte Löns selbst erzählt haben, vielleicht auch erlebt haben, meinte Maria, als Helge geendet hatte und er seine ausgegangene Zigarre gerade wieder anbrannte. Aber wie hätte Svanhild das Heideerlebnis erzählt? Die Unbekümmertheit Helges hätte sie als verheiratete Frau sicher nicht in ihrer Liebeserzählung ausdrücken können. Es wäre eine Geschichte des Verzichts, der Wehmut und der Sehnsucht geworden. Auch in Helges Erzählung klingt dies ein wenig an. Liegt es doch an der Landschaft, an der kargen Heide, die wir nur als Besucher so romantisch sehen?

Aber Helge hat uns diese Empfindung wunderbar nahe gebracht. Die Lönsschen Liebesgedichte erzählen immer von Abschied, von Tränen, von Sehnsucht, von bittrer Not und Nimmerwiedersehen. Sie sind immer der Kontrapunkt zu seinen von prallen Leben überschäumenden Jagdgedichten. Vielleicht war Löns gar nicht der Frauenheld, als den ihn so viele sehen. Seine sensiblen Gedichte zeigen uns einen anderen Löns. Seine Unrast passt aber zu seinen Liedern, er kann nirgends verharren, auch nicht bei seinen Geliebten.

Diese Wanderer von einer Frau zur anderen kann man nicht einfach als untreue Männer ansehen; aber nicht nur Männer, es sind auch Frauen, die nicht eine dauerhafte Beziehung halten können. Sicher kann man jetzt streiten, was Untreue ist, was muss vorher sein, um von Untreue reden zu können. Gerade heute, wo man sich so leicht trennt und sich an eine andere bindet, ist diese Frage wegen der immer geringer werdenden Halbwertzeit einer Beziehung, schon fast antiquiert. Das Problem ist doch, dass sich immer seltener eine tiefe Beziehung zwischen den Liebenden einstellt, und dann genügt eine geringe Unstimmigkeit, die zur Trennung führt.

Max, ein Schulfreund meines jüngsten Sohnes ist ein ewig verliebter junger Mann, der jedoch keine Beziehung halten kann. Max weiß eigentlich selbst nicht, was er will. Damals, als er dieses Liebesabenteuer erlebte, das ich nun erzähle, verkehrte er in unserem Haus, auch mit seinen Eltern waren wir befreundet. Mein Sohn hatte für den Liebeskummer seines Freundes kein Verständnis, der jede neue Liebschaft bald beendete. Ich, die Freundin seiner Mutter, wurde seine Vertraute, fast hätte ich Beichtvater gesagt, in allen seinen Liebesnöten.

Max war ein hübscher großer, brünetter Mann, der den Mädchen gefiel, einige lernte ich im Laufe der Zeit kennen. In Liebessachen erschien er mir wie ein Redner, der die ersten Sätze bravourös vorträgt und dann aber zu stottern beginnt, aber nicht deswegen, weil er seinen Text vergessen hatte, sondern, weil er alles auf einmal sagen will und schon an den übernächsten Satz denkt, während er gerade noch den ersten stotternd spricht.

Max ist immer sofort verliebt, kaum lernt er eine Frau kennen, die seine Werbung irgendwie erwidert, denkt er schon an Heirat, Kinder und Haustandsgründung. Er kann nicht zwischen einem vorsichtig tastenden Flirt, bei dem man sich näher kommen soll und einer schon bestehenden Beziehung unterscheiden. Er wird dann zudringlich und fast immer zurückgewiesen. Und wenn es einmal länger dauert, weil er sich etwas zurück genommen hatte, ist die Trennung umso spontaner und für ihn schmerzvoller.

Aus seinen vielen Geständnissen erkannte ich bald die Ursache seiner amourösen Misserfolge. In der Anfangsphase geht Max stets voll auf seine Partnerin ein, wie wenn er keinen eigenen Willen hätte, lässt er sich von den Wünschen seiner Verehrten tragen, und damit hat er, wie er selbst immer betont fast immer Erfolg. Ich gab ihm schon den Rat, in der Volkshochschule einen Kurs anzumelden: „Kennenlernen für Anfänger". Kaum glaubt Max aber eine gewisse Zuneigung seiner gerade umschwärmten Dame zu bemerken, beginnt er dieser seine Glücksvorstellungen, seine Lebensplanung, ja seine ganze Persönlichkeit aufzudrängen, was dann regelmäßig zum Bruch führt.

Ich sagte ihm, dass er schon beim Anfangsflirt sein eigenes Ich nicht völlig beiseitelassen dürfe und auf keinen Fall nach einem solchen Versäumnis mit seinem ganzen Ego über sie drüber fahren dürfe. Vielleicht solle er schon bei der Anbahnung einer Bekanntschaft versuchen auszuloten, ob die Dame überhaupt zu ihm passen könnte. Langsam lernte Max dazu.

Max hatte die Richtige gefunden, sein Mäxchen, wie er sie zärtlich nannte, schien ihn tatsächlich zu lieben. Auch die Familien passten zueinander, beide hatten etwa die gleiche Bildung und auch ihre Freizeitvergnügungen erlebten sie stets gemeinsam. Max verlobte sich, er schwebte im Siebenten Himmel. Mäxchen war eine recht hübsche junge Dame, sie waren ein schmuckes Paar.

Sie waren schon über ein Jahr verlobt und Mäxchen drängte bereits auf einen Hochzeitstermin. Max hatte es jedoch nicht so eilig, er sonnte sich vielmehr in seiner eigenen Gefallsucht, nun eine hübsche Braut an seiner Seite zu haben. Sie waren, seit sie verlobt waren, sehr viel beisammen, Mäxchen wollte jedoch nicht in seine Wohnung ziehen, das wollte sie sich für die Hochzeit aufheben, aber seine Frau war sie bereits.

Je länger ihre Beziehung dauerte, umso öfter fragte sich Max, ob sie wirklich zusammenpassen würden, was sie denn gemeinsam hätten, um darauf eine Ehe aufzubauen. Er begann neuen Hobbys nachzugehen, an die er früher überhaupt nicht gedacht hatte, und von denen er auch wusste, dass sie Mäxchen nicht interessieren würden.

Er kam wieder zu mir und schüttete sein Herz aus und ich erkannte sein Problem. Max suchte nie die Liebe einer Frau, er suchte nur die Frau, sozusagen eine Frau als Accessoire des Mannes. Ich glaube, dass er gar nicht einmal ahnte, was Liebe sein könnte. Sicher, das wissen wir in jungen Jahren auch nicht sofort und halten das Brausen der Jugend für Liebe. Aber irgendwann wissen wir es, und wenn wir das in einer Beziehung zu einem Mann erkannt haben, dann wollen wir ihn haben, für immer, dann geben wir doch einen Teil von uns selbst auf und den schenken wir dem Partner und wir bekommen seinen Teil als Gegengeschenk, das ist die Liebe.

Ich glaube nicht, dass Max in der Pubertät steckengeblieben ist, aber er hat sich nach seinen vielen Misserfolgen bei der Damenwelt total verkrampft und begonnen seine eigene Befindlichkeit zum Maßstab seiner Liebe zu machen. Er begann Mäxchen etwas zu vernachlässigen und die merkte es sofort. Auch sie klagte bei mir über seine immer stärker werdende Gefühlskälte ihr gegenüber. Max fühlte dies auch und wollte diesen Liebesmangel mit einer übertriebenen Liebesrhetorik ausgleichen. Da wurde es noch schlimmer.

Im Fasching besuchten sie einen Maskenball; Mäxchen war wunderschön und Max war auf seine Braut mehr als stolz. Er beobachtete sie genau, und immer wenn Mäxchen von einer fremden Maske geholt wurde, war er sicher nie weiter als zehn Schritte hinter ihr. Als Mäxchen einmal den Waschraum aufsuchte, rauchte Max vor der Tür zum Ballsaal eine Zigarette. Mäxchen kam nicht wieder, er suchte sie im ganzen Saal, in den Nebenräumen, er wurde immer nervöser, die Kellnerin musste in der Toilette nach ihr suchen. Mäxchen blieb verschwunden.

Mäxchen hatte sich ein Orakel ausgedacht. Sie vertauschte im Waschraum ihr Wiener-Wäschermädelkostüm und erschien als feurige Spanierin, im roten Kostüm, in schwarzer Perücke, Netzstrümpfen und eine ihre nackte Schulter umwehende Mantilla. Sie brauchte die Kastagnetten in ihrer Hand gar nicht zu schlagen, sie war sofort von Männern umgeben und man riss sich geradezu um ihre Tänze. Max ging des öfteren an ihr vorbei und erkannte sie nicht: das war Mäxchens Orakel, wie wenig war er in ihre Persönlichkeit eingedrungen, dass er sie in einem nicht bekannten Maskenkostüm nicht erkennen konnte!

Mäxchen verließ den Ball ohne ihn. Am nächsten Morgen fuhr sie zu seiner Wohnung und warf einen Brief in seinen Postkasten:

„Wer seine Braut nicht unter vielen anderen Frauen erkennt, wird sich auch in der Ehe nicht auskennen. Leb wohl, Mäxchen!“

Den Verlobungsring legte sie dem Brief bei.

Max war untröstlich, aber nach drei Tagen, als ich ihn wieder sah, schien er mir gelöster, als in den letzten Wochen seiner Verlobungszeit. Eine Woche später kam er zu mir und bat mich, eine Heiratsannonce mit ihm zu formulieren. Er konnte sich der einlangenden Antworten kaum erwehren, er war tatsächlich Tag und Nacht beschäftigt, nein, nicht mit der Liebe, sondern mit der Beantwortung der Briefe liebeswilliger Damen. Max war unglücklich, aber eigentlich war er nur glücklich, wenn er die neue Liebe suchte. Er ist noch immer unverheiratet, jetzt sitzt er stundenlang am PC und ist auf Partnersuche bei Parship.

Das Wildschweinessen

Zum heutigen Lönsabend hatte Frau Elvira eingeladen; wir waren sehr neugierig gekommen, kannten wir doch Frau Elvira aus Fritz Seewalds Erzählung. Jeder brachte einen Blumenstrauß mit und gratulierte Elvira, seit einigen Wochen Frau Seewald, zur Hochzeit. Das glückliche Strahlen der Braut hatte sich bis heute erhalten; sie war eine elegante charmante Frau, sie verkörperte das, was man sich vorstellt, wenn jemand von einer sehr schönen Frau spricht: ihre mittelgroße Gestalt hatte eine sehr weibliche Ausstrahlung, ihr kluger Gesichtsausdruck wechselte von Interesse beim Zuhören auf Erstaunen bei Ungereimtheiten, bis zu liebevollem Glänzen ihrer Augen, wenn sie ihren Mann ansah.

„Ich habe ein rustikales Wildmenü gekocht" begann sie, „Fritz erzählte vom Grünkohlessen, das ist doch das richtige Lönsmenü. Das Fasanenessen passte vermutlich zu den Erzählungen des vorigen Abends, auch wenn Fasane in der Heide nicht zu Hause sind. Der flatterhafte Vogel hat vielleicht die im Ungewissen endenden Erzählungen des letzten Lönsabends beflügelt. Heute gibt es Wildschweinbraten, der Eber sucht unter der Erdoberfläche nach Nahrung, mit Instinkt, Intelligenz und der Erfahrung seiner Nase kommt er zum Erfolg. Ich habe heute Hauptmann Quast eingeladen, von dem letztens erzählt worden ist, er ist Detektiv, der Eber könnte sei Wappentier sein."

Es war ein auserlesenes Essen, Kürbiskremsuppe, Wildschweinbraten mit Erdäpfelnudel und zur Nachspeise Kastanienreis. Nach dem Braten prosteten alle Elvira zu und bedankten sich für das exzellente Abendessen.

Man saß schon beim Mokka, als Elvira Hauptmann Quast bat, nun seine Erzählung zu beginnen. Fritz sagte jedoch noch schnell:

„Wir haben die letzten beiden Male soviel von Liebe, von enttäuschter Liebe gehört. Eigentlich wollten wir beweisen, dass Liebe nicht sieben Jahre warten kann, ohne jemals erhört worden zu sein, das war die Einschränkung, aber sie kann auch fortdauern, wenn sie bloß einen Sommer lang geblüht hatte."

Hauptmann Quasts erfolgreichste Ermittlung

Fritz hat gerade das Thema der letzten Lönsabende genannt, und da bin ich nun unsicher geworden, ob meine Erzählung dazu passt. Wohl ist Liebe im Spiel, aber eigentlich ist es doch eine Detektivgeschichte, die ich erzählen will, die jedoch sehr lange zurückliegt, die nie in die Öffentlichkeit gelangt ist und doch das Leben der Beteiligten entscheidend verändert hat.

Ich erinnere mich noch sehr genau, als mich eines Abends ein Herr anrief und mich bat, ihn zu besuchen. Herr Edwin Gilbert lebte in einer gediegenen, jedoch altertümlich eingerichteten Wohnung in Währing. Es war die Wohnung seiner Mutter, die diese samt den Möbeln geerbt hatte und an der sie kaum etwas geändert hatte. Herr Gilbert lebte allein in der großen Wohnung, er war unverheiratet, hatte damals auch keine Beziehung, er war Diplomingenieur. Er hatte Kulturtechnik an der Universität für Bodenkultur studiert, wie seine Mutter, Frau Hedwig, auch.

Edwin hatte nie erfahren, wer sein Vater war, seine Mutter hüllte sich in Schweigen, und später, als er schon erwachsen war, hatte er sie gedrängt zu reden, doch Frau Hedwig brach nur in Tränen aus. Da unterließ es Edwin, seine Mutter weiter zu befragen. Nur dass er sich für seinen Vater keinesfalls zu schämen brauche, sagte sie, mehr hatte er aber von ihr nicht erfahren können.

Frau Hedwig war verheiratet gewesen, doch nicht mit Edwins Vater. Edwin hatte den ledigen Namen seiner Mutter behalten, obwohl er seinen Stiefvater auch Papa nannte und dieser immer sehr gut zu ihm gewesen war. Die Ehe wurde geschieden, ohne dass Edwin je den Grund erfahren konnte. Frau Hedwig starb vor einem Jahr, sie war knapp über Sechzig gewesen; in den letzten Lebensjahren war sie sehr trübsinnig gewesen.

Als Edwin die erste Trauer überwunden hatte, begann er die Papiere seiner Mutter zu sichten, er hoffte darin einen Hinweis auf seine Geburt, auf seinen Vater zu finden. Die Dokumente spiegelten den Charakter seiner Mutter wider, ordentlich hatte sie alle Ereignisse und wichtigen Daten und Zahlen aufgezeichnet. Zum Schluss sah er beiläufig in die vielen Haushaltsbücher seiner Mutter, in die sie alle Einnahmen und Ausgaben genau eingetragen hatte. Er fand seine Geburtstagsgeschenke verzeichnet, ihre täglichen Ausgaben für den Haushalt, die Urlaubsreisen, die Kosten seiner Auslandsemester in Deutschland und Frankreich und später auch das Geld, das er seiner Mutter für den Haushalt zahlte, hatte sie genauso akkurat eingetragen, wie früher ihren Gehalt und später ihre Pension. Auch als die Zahlungen später über das Girokonto ihrer Bank abgewickelt wurden, hatte sie trotzdem ihr Haushaltsbuch weitergeführt. Die Haushaltsbücher las er wie Tagebücher; mit leiser Wehmut erinnerte sich Edwin an viele Tage seines Lebens, die hier als Ausgaben verzeichnet waren

Er fand immer die gleichen Beträge auf der Einnahmenseite des Kassabuches: Pension, Edwin, Steuerausgleich, Firmenpension und manchmal die eine oder andere Rückbuchung und die Dividenden aus den wenigen Aktien, die sie besaß. In einem älteren Haushaltsbuch fiel ihm auf, dass recht ansehnliche Zahlungen, die etwa quartalsmäßig, manchmal auch dazwischen, oft in der Höhe mehrer Gehälter verzeichnet waren. Das Sonderbare war jedoch, dass als Einnahmegrund lediglich „Zahlung“ angegeben war. Wer oder welche Stelle die Zahlungen leistete, war kein einziges Mal angegeben. Nun holte Edwin die älteren Bücher hervor, auch die hatte Frau Hedwig aufgehoben, und da sah er, dass die Zahlungen in seinem Geburtsjahr begonnen hatten, diese wurden auch in den Jahren als Frau Hedwig verheiratet war ebenso geleistet.

Erst jetzt sah Edwin, dass seine Mutter ohne diese „Zahlungen“ den aufwendigen Haushalt, sein Studium, seine Auslandsemester und das großzügige Taschengeld, das er in seiner Studentenzeit erhielt, mit ihrem Gehalt allein nie hätte leisten können. Er vermutete hinter diesen Zahlungen Alimentationszahlungen seines ihm unbekannten Vaters, allerdings gingen diese Zahlungen auch nach dem Ende seines Studiums weiter, bis knapp vor zwei Jahren vor ihrem Tod. Und jetzt erinnerte sich Edwin, dass seit damals Mutter immer trübsinniger geworden war.

Wenn nun tatsächlich hinter diesen Zahlungen sein leiblicher Vater stand, war es die erste Spur zu diesem. Lange kämpfte er mit sich selbst, ob er das Recht habe, das von seiner Mutter so sorgsam gehütete Geheimnis zu lüften, aber erst als er sich selbst klar wurde, mit der Suche nach seinem Vater keinesfalls irgendwelche Forderungen geltend zu machen, auf die seine Mutter zweifelsohne verzichtet hatte, fühlte er sich berechtigt, dieser Spur im Haushaltsbuch nachzugehen.

Sein erster Weg führte ihn zu seinem ehemaligen Stiefvater, zu dem er noch immer ein gutes Verhältnis hatte, auch wenn sie einander eher zufällig als geplant sahen. Der Stiefvater wusste von den Zahlungen seines leiblichen Vaters, er konnte jedoch keine Auskunft über dessen Identität geben; darüber nicht zu sprechen, hatte er mit Edwins Mutter vor ihrer Heirat vereinbart. Warum das alles so geheim abgehandelt worden war, wusste er nicht, er glaube jedoch sicher, dass die Geldübergabe immer persönlich erfolgt sei.

Oft habe er vermutet, dass die Beziehung zu Edwins Vater noch bestehe, es war der Grund für viele Eifersuchtsszenen, was Hedwig zwar immer bestritt, aber nie den Beweis für die Nichtexistenz einer Beziehung liefern konnte, was natürlich nie möglich gewesen wäre. Ein bisschen habe diese andauernde Ungewissheit doch auch zum Scheitern der Ehe beigetragen.

Auch Recherchen bei der Bank, die Edwin im Zuge der Kontoschließung befragte, waren negativ, alle diese im Haushaltsbuch verzeichneten Einnahmen waren nie über die Bank gelaufen. Edwin wusste nicht weiter und da schaltete er mich ein, um seinen Vater zu finden; er wollte endlich wissen, wer er sei.

* * *

Es war mir sofort klar, dass der Weg zu Edwins Vater nur über die Mutter zu finden sei, andere Spuren existierten nicht. Wo sollte ich beginnen, wen konnte ich fragen? Frau Hedwig hatte keine Freundin oder Verwandte, die uns Auskunft geben konnten, sie kam aus einer kleinen oberösterreichischen Provinzstadt, hatte keine Geschwister und ihre Eltern waren schon lange tot. Bei der Geburt Edwins lebte sie schon jahrelang in Wien. Der Freundeskreis der Mutter bestand zurzeit von Edwins Geburt noch nicht, den hatte sie erst viel später kennen gelernt.

Bei der wiederholten Durchsicht von Frau Hedwigs Papieren suchte ich nun nicht nur nach Hinweisen auf den Vater, sondern ebenso nach Angaben ihrer beruflichen Tätigkeiten zu dieser Zeit. Ich wurde fündig, Frau Hedwig war bis zu Edwins Geburt bei der Tiefbaufirma „Rabenstein und Raster“ beschäftigt gewesen und diese Firma existierte noch. Ich bekam auch sofort einen Termin beim Geschäftsführer der Firma, dem ich vom Tod seiner ehemaligen Mitarbeiterin, Frau Hedwig Gilbert, berichtete und dass ihr Sohn mit meiner Unterstützung ihre Biografie schreiben wolle. Der Geschäftsführer war zu jung, um Frau Hedwig aus der Firma gekannt zu haben, aber er holte einen älteren Buchhalter in sein Büro, der sich tatsächlich noch an die hübsche Frau Gilbert erinnern konnte. Wir setzten dann das Gespräch im Büro des Buchhalters fort.

Frau Gilbert war eine ausgezeichnete Baustellenleiterin, völlig atypisch für eine zarte Frau, meinte der Buchhalter, aber sie war eine Frau mit Charme und einer unwahrscheinlichen Durchsetzungskraft, leider verließ sie nach einer Schwangerschaft die Firma. Frau Hedwig galt in der Firma, trotz ihres Charmes, als „die kühle Blonde“, sie hatte seiner Erinnerung nach keine besonderen Freundschaften zu Kollegen gepflegt. Sie war fast ausschließlich im Waldviertel tätig, dort baute die Firma damals an einigen größeren Projekten, so dass Frau Gilbert lediglich einmal in der Woche zu Besprechungen in die Firma nach Wien kam. Der Buchhalter war offensichtlich geradezu begeistert, von den alten Zeiten sprechen zu können, es waren ja auch die Jahre seiner Jugend gewesen. Er schleppte die in Büchern gebundenen Besprechungsprotokolle der fraglichen Zeit heran und überließ mir diese zum Lesen, während er wieder an seine Arbeit ging.

Frau Hedwig baute damals eine Forststraße in der Nähe von Groß Gerungs, eine Dränagierung bei Krumau am Kamp und einige kleinere Wegebauten in der Gegend von Zwettl. Sie wohnte in einem Gasthof in Groß Gerungs, das ging ebenfalls aus den Besprechungsprotokollen hervor. Leider waren keine Namen, weder ihrer Verhandlungspartner noch die der Auftraggeber genannt, die Projekte waren nur inhaltlich bezeichnet: Projekt Forststraße Groß Gerungs, Projekt Dränage Krumau, Wegebau Zwettl Ost, Wegebau Zwettl 2. Genauere Angaben, insbesondere Namen der Beteiligten könnten nur in den Bauakten selbst eingeschaut werden, teilte der Buchhalter mit, zu denen er jedoch keinen Zugriff habe und diese wären überdies in einem Archiv extern gelagert. Da könne nur der Geschäftsführer mir weiterhelfen, das wären jedoch sehr sensible Daten, die für Außenstehende, auch nach der langen Zeit, so zu sagen gesperrt seien.

Ich hatte vorerst genug Informationen erfahren und da sich der Geschäftsführer mit der Einladung verabschiedete, dass ich wiederkommen dürfe, wenn es notwendig sei, ging ich zufrieden von „Rabenstein und Raster“ weg.

Meine nächsten Wege führten mich zu den Bauämtern der Gemeinden, wo die Projekte realisiert worden waren und zu den betreffenden Forstämtern. Das ging natürlich nicht Schlag auf Schlag, ich habe doch meist mehrere Aufgaben, Ermittlungen, Observierungen parallel laufen, doch dieses Projekt „Vatersuche“ war das interessanteste damals. Man kam mir durchwegs gefällig und kooperativ entgegen, nur einmal kam ich an eine sehr unwirsche Dame, die mich im aggressiven Ton fragte, was ich zu recherchieren hätte, es wäre alles ordentlich abgerechnet worden und über die Bühne gegangen. Aber nach etwa vierzehn Tagen, vielen, vielen Stunden auf den Gemeindeämtern und dem Vermessungsamt wusste ich auch die Namen der Beteiligten.

Wo beginnen? Am Projekt Forststraße waren mehrere Private beteiligt, die Gemeinde und die Forstverwaltung, das würde die komplexeste Ermittlung werden. Mein erster

Weg führte mich zu den Auftraggebern der Wegebauten in Zwettl. Es waren das alles kleine Projekte gewesen, die nur wenige Monate Arbeit der Tiefbaufirma beansprucht hatten. Die Besitzer der Wege konnten sich noch an die Bauarbeiten erinnern, aber keinesfalls an die Bauleiterin. Es war mir bewusst, auch wenn der Kindesvater hier zu suchen war, er nicht zwingend aus dem Umfeld der Auftraggeber kommen müsse. Frau Hedwig wohnte viele Monate in Groß Gerungs, wen konnte sie da noch gekannt haben? Musste dieser Jemand unbedingt aus dem Waldviertel sein? Aber bessere Anhaltspunkte hatte ich nicht und so suchte ich den Besitzer der damals dränagierten Wiesen auf.

Als ich ihm mein Sprüchlein aufsagte, dass ich nach einer vor etwa dreißig Jahren hier tätigen Dame suche, die die Dränage seiner Wiesen durchgeführt habe, bekam er einen roten Kopf und legte sofort los. Wie die Dame geheißen habe, wisse er nicht mehr, aber dass sie sich mehr um die Baustelle des Gutsbesitzers gekümmert habe, als um seine dringende Dränage, wisse er noch sehr genau. Mit dem sei sie doch regelmäßig in den Wald zur Forststraße geritten, das haben ihr wohl mehr Spaß gemacht als seine sauren Wiesen. Ja, mit dem feinen Herrn Erler sei sie geritten, der zu Haus eine junge hübsche Frau gehabt habe.

Ich habe schon viel ermittelt, bei Betriebsspionagen, bin Verbrechen auf die Spur gekommen und auch mit Mördern hatte ich schon zu tun, jedoch bei der dreißig Jahre überdauernden Wut des Wiesenbesitzer wurde mir heiß, ich hatte wahrscheinlich die richtige Spur vor mir. Ich erkundigte mich noch nach dem Verlauf der damals errichteten Straße und verabschiedete mich dann von dem übellaunigen Herrn, der mir aber trotzdem die richtige Fährte gewiesen hatte.

Zu Fuß ging ich die lange Forststraße entlang, ich hatte gehofft, etwas Auffälliges, etwas Besonderes entdecken zu können, um im Gutshof Erler vorsprechen zu können. Es war schon zu spät geworden für weitere Ermittlungen, so entschloss ich mich hier zu übernachten. Ich nahm mir ein Zimmer in einem solide aussehenden Gasthof am Hauptplatz, von dem ich hoffte, dass hier auch die Gutsherrschaft verkehre. Nach dem Nachtmahl leerte sich die Wirtsstube, ich saß im Extrazimmer, das gab es damals noch für die „besseren" Gäste, als sich die Wirtin, eine resche Waldviertlerin zu mir setzte und mich auszufragen begann; wahrscheinlich hatten sich andere Gäste nach mir erkundigt, ich hatte es deren fragenden Blicken angesehen. Das war mir gerade recht, so konnte auch ich meine Erkundigungen unauffällig machen.

Ich erzählte der Wirtin, dass ich ein Buch über das Waldviertel schreiben wolle, über die Landschaft, seine Bewohner, die Wirtschaft, die Eisenbahnen und auch über besondere Begebenheiten, über Unfälle, Feuersbrünste, eigentlich über alles, was eine Gegend interessant mache, sie von anderen Landesteilen unterscheide. Mit dieser Ankündigung konnte ich nach allem fragen, ohne einen Hinweis auf mein tatsächliches Vorhaben zu verraten. Ob es hier eher Kleinbauern oder auch größere Güter gebe, fragte ich, und damit war ich beim Thema.

Das größte Gut sei der Erler mit viel Wald, Feldern und auch Fischteichen, erzählte die Wirtin, die so recht in Fahrt gekommen war und als ich sie einlud, mit mir eine Flasche Rotwein zu trinken, war sie nicht mehr zu bremsen; sie war eine lebende Dorfchronik. Über dem Erlergut hinge schon seit vielen Jahren der Haussegen schief, eigentlich, seit der alte Herr Erler verunglückt sei. Die Tochter habe im Holzschlag ein Bein verloren und dann sei es auch noch zur Scheidung gekommen. Sie lebe sehr zurückgezogen, eigentlich verwalte das Gut ein Verwandter ihrer Mutterseite, aber der passe nicht in die Gegend, auch Frau Walburga, die jetzige Gutsbesitzerin, sagt man, komme mit ihm nicht zurecht. Die alte Dame, die Witwe lebe noch zurückgezogener. An den Bau der Forststraße konnte sie sich nicht erinnern, das war bevor sie von Weitra hierher geheiratet hatte. Fürs Erste hatte ich genug erfahren.

Am nächsten Vormittag rief ich im Gut Erler an, sagte mein Sprücherl vom Buchprojekt auf und bat um einen Termin. Der Herr am Telefon, wahrscheinlich war es der Verwalter, war mehr als unwirsch und verwies mich an das Gemeindeamt und auch das Museum empfahl er mir zu besuchen. Nach dieser Abfuhr erinnerte ich mich an einen Jahrgangskameraden in der Theresianischen Militärakademie, der gleich nach seiner Ausmusterung zum Leutnant das Heer verlassen hatte und sich in sein elterliches Gut in diese Gegend verabschiedete. Bei einigen Jahrgangstreffen hatten wir uns noch öfters getroffen, seit ich aus dem Heer ausgeschieden war hatten wir uns nicht mehr gesehen. Ich rief ihn an, er bewirtschaftete seinen Gutshof bei Langschlag, keine fünf Kilometer von Groß Gerungs entfernt. Er lud mich sofort zum Abendessen ein.

Seine Frau, eine fesche vollschlanke Brünette empfing mich sehr herzlich. Zum Abendessen hatte sie schon den Tisch auf der Veranda des Gutshauses gedeckt. Es gab das Waldviertler Nationalgericht: Schweinsbraten mit Waldviertler Knödel. Es entwickelte sich sofort ein angeregtes Gespräch, das die Dame des Hauses mit ihrem Charme dominierte. Es kamen sicher nicht sehr oft Gäste in diese versteckte Ecke des Waldviertels, mit denen sie sich unterhalten konnten. Eher beiläufig brachte ich unsere Unterhaltung auf mein Buchprojekt. Frau Helene war sofort von meinem Vorhaben begeistert und es sprudelte nur so aus ihrem Mund, was ich alles unbedingt beschreiben müsse.

„Wollen Sie frei nach Fontane *Die Wanderungen durch das Waldviertel* verfassen?“ fragte sie mich.

In diesem Moment begann ich tatsächlich diese Möglichkeit in Erwägung zu ziehen und bestätigte die Vermutung Frau Helenes. Damit hatte sie mir ja einen Grund geliefert, in den Familienchroniken der alten Familien zu forschen.

„Wenn Sie in Groß Gerungs abgestiegen sind, müssen Sie unbedingt mit den Erlers reden, die sind schon seit Generationen hier ansässig.“

Ich hätte schon versucht Kontakt aufzunehmen, aber wäre nicht sehr kooperativ auf das Gemeindeamt verwiesen worden, erwiderte ich. Das wäre kein Problem, sie wäre mit Walburga, der Tochter des alten Erler, befreundet, die könnte sie zusammen mit mir morgen zum Grillen einladen. Nun schien sich das schwierige Problem, mit der Familie des möglichen Vaters Edmunds Kontakt aufzunehmen, gelöst zu haben. Als ich in der Nacht das alles nochmals überlegte, schlich sich ein schlechtes Gewissen in mein Denken. Ich schwindelte etwas vor, um in die Familiengeheimnisse einer Frau eindringen zu können. Auch wenn ich das Buchprojekt jetzt ernst nehmen wollte, war trotzdem damit auch eine andere Absicht verbunden.

Am nächsten Abend, es war ein heißer Julittag gewesen, war ich pünktlich in Langschlag eingetroffen. Es waren schon einigen Gäste vor mir gekommen, ein Nachbarehepaar und der Oberforstrat mit seiner Frau. Wir standen noch beim Begrüßungssekt, als Frau Walburga durch den Garten hinter dem Gutshof auf die Veranda zukam; sie war eine mittelgroße, dunkelblonde Frau. Ob sie wirklich fesch sei, sah ich in der schon beginnenden Abenddämmerung nicht, später erschien sie mir als eine ausgesprochen aparte Frau, ihre etwas herben Gesichtszüge erweckten den Eindruck, dass sie sehr fesche Söhne haben müsse. Zu einer weißen Hose trug sie eine blauweiß gestreifte Bluse, ihr Haar war kurz geschnitten, mit einer schicken Welle. Als sie auf uns zukam bemerkte ich ein leichtes Hinken, vielleicht fiel es mir bloß auf, weil ich wusste, dass sie ein Bein verloren hatte. Schon ihre ersten Worte ließen mich ihren Charme erkennen. Als wir einander vorgestellt waren, fragte sie, ob ich das erste Mal hier im oberen Waldviertel sei. Ich erzählte, dass der Hausherr mein Jahrgangskamerad in Wiener Neustadt gewesen sei und ich hier Material sammle für meine *„Wanderungen durch das Waldviertel“*. Ich war nun entschlossen, die Anregung Frau Helenes aufzugreifen.

„Gestern rief jemand mit etwa dem gleichen Anliegen bei meinem Verwalter an!“

„Ja, das war ich, leider bekam ich keine Auskunft!“

„Was wollten Sie denn wissen?“

„Nichts Bestimmtes“, sagte ich „ich will nur für das Waldviertel typische Landschaften, Ereignisse, Menschen, Eisenbahnen, Straßen, Bauwerke, ja alles mögliche darstellen, nur authentisch soll es sein!“

Frau Walburga sprach nur mit mir, sie hatte sichtlich großes Interesse an meinem Vorhaben gefunden. Mittlerweile waren die ersten Koteletts und Steaks gar geworden und wir setzen uns an den Tisch. Auch während des Essens wechselten wir das Thema nicht. Sie erzählte vom Leben auf ihrem Gut, von den Schwierigkeiten der heutigen Agrarwirtschaft und auch von den schönen Seiten des Landlebens, auf eigenem Grund und Boden.

Später wurde getanzt; lange überlegte ich, ob ich sie auffordern könne, ich hatte Hemmungen wegen ihres Beines. Sie musste mir dies angemerkt haben, als sie sagte:

„Ich habe schon lange nicht mehr langsamen Walzer getanzt!"

Da bat ich sie um den Tanz und ich hielt sie fast sorgsam in den Armen, vorsichtiger als es wahrscheinlich nötig war. Nach dem Tanz spürte ich eine persönliche Beziehung zu Frau Walburga, sie war mir nicht mehr fremd, wir hatten zusammen getanzt, wir hatten jetzt etwas Gemeinsames. Sie lud mich für morgen Sonntag zum Mittagessen ein; ich nahm an und mein schlechtes Gewissen meldete sich wiederum sehr stark.

Das Mittagessen auf Gut Erler versammelte die ganze Familie, Frau Erler, die Mutter Frau Walburgas, den Verwalter, der ein Cousin ihrer Mutter war und den ich schon am Telefon kennen gelernt hatte und dessen Frau und deren zwei Töchter. Frau Walburga stellte mich als Freund ihres Gutsnachbarn vor, sie informierte auch über mein geplantes Buch die *„Wanderungen durch das Waldviertel"*. Es war eine etwas zurückhaltende Unterhaltung, man wusste nicht so recht, was man mit mir reden sollte, die ungezwungene Atmosphäre wie bei meinem Kameraden stellte sich am Erlerschen Mittagstisch nicht ein. Und diese Reserviertheit verstärkte sich noch deutlich, als ich auf die Frage Frau Erlers sagte, dass ich Detektiv sei.

„Hauptmann Quast, was ermitteln Sie hier, das ist doch keine besonders fashionable Urlaubsdestination, wo man eventuell Gentleman-Hochstaplern und Heiratsschwindlern auf der Spur ist?“ fragte der Verwalter, in einer weit überzogenen Wortwahl.

Wollte er schon in seiner Ausdrucksweise seine Zweifel ausdrücken? Ich war unsicher geworden, vielleicht hatte er von meinen Recherchen irgendetwas erfahren und versuchte mich nun aus der Reserve locken. Das war mir nur recht, denn wenn er etwas verbergen wollte, hatte er mich wohl ungewollt gewarnt. Ich sah zu Frau Walburga, dachte daran, wie ich sie gestern beim Tanz in den Armen gehalten hatte und fühlte es trocken in meinem Mund, ich hätte jetzt nicht reden können. Ich trank einen Schluck Wein bevor ich antwortete.

„Meine Geschichte wird natürlich von meinem Beruf beeinflusst sein, die Stoffsammlung, die Art meiner Recherchen und schließlich auch die Formulierung meiner Erzählungen. Ich war Berufsoffizier, beim Heeresnachrichtendienst beschäftigt, deswegen bin ich auch nach meiner aktiven Zeit Detektiv geworden. Man kann doch nicht so einfach aus seinem Leben ein völlig anderes machen, das ist doch auch ein wenig die Treue zu sich selbst.“

Walburga gab mir recht, ihr Denken sei ebenfalls durch ihr Studium an der Bodenkultur geprägt, was immer sie vorhabe, mache sie dies als Naturwissenschafterin.

„Unsere Familie ist kein Gegenstand für irgendwelche Recherchen!“ und damit beendete Frau Erler dieses Thema, und das war eindeutig.

Walburga hatte selbstverständlich die Ablehnung ihrer Familie mir gegenüber sofort erkannt. Das weitere Gespräch bewegte sich nun in unverbindlichen Belanglosigkeiten. Nach dem Mokka stand Walburga auf und forderte mich auf, sie zu begleiten, sie wolle mir das Gut zeigen.

„Vielleicht interessiert das Herrn Quast überhaupt nicht?“ warf der Verwalter ein, jedoch Walburga antwortete nicht und ging mit der Aufforderung „Kommen Sie!“ voraus.

Sie führte mich in die ehemaligen Stallungen, früher wären hier Pferde gestanden, auch Reitpferde, da Vater sehr gerne geritten sei. Rinder und die Milchwirtschaft rentieren sich hier schon lange nicht mehr. Sie würden Roggen, Erdäpfel und Raps anbauen, die Waldwirtschaft sei jedoch der Haupterwerbszweig des Gutes, früher hätte es ein eigenes Sägewerk gegeben, das jedoch schon seit Jahren stillgelegt sei.

„Hier auf dem Gutshof konzentriert sich alles, das Gut selbst ist zu weitläufig, das zeige ich Ihnen ein andermal, da fahren wir besser mit dem Geländewagen.“

Dann durchquerten wir aber doch ein kleines Waldstück, hinter dem ein Fischteich lag. Ein Bootssteg führte in das Wasser hinein, am Ufer war eine kleine Holzhütte. Hier würden sie auch baden, der Teich wäre von außen nicht einzusehen, hier sei der Waldviertler Sommer am unmittelbarsten zu spüren: die trocken Julihitze, das Summen der Bienen. Erst jetzt bemerkte ich einige Bienenstöcke am Waldrand, den wolkenlosen blauen Himmel über dem Teich und die absolute Stille über allem. Ich glaubte auch den Duft frisch abgeernteter Roggenfelder zu riechen.

Am Teichufer, ein Tisch und zwei Holzbänke, deren Holzbeine in die Erde gerammt waren. Wir setzten uns, Frau Walburga zündete sich eine Zigarette an und ich rauchte Pfeife. Da sie lächelte, fragte ich:

„Jetzt glauben Sie, dass die Pfeife zur Ausstattung eines Detektivs gehöre?“

„Nun, Sie beweisen doch gerade diese Ansicht! Aber rauchen Sie, ich rieche Pfeifenrauch sehr gerne, er erinnert mich immer an Vater, der war selten ohne Pfeife im Mund anzutreffen.“

„Ich bin wohl kein sehr willkommener Gast heute?“ sagte ich und blickte Frau Walburga an.

Sie habe auch keine Erklärung für das Verhalten ihrer Familie, eine gewisse Disharmonie bei Tisch sei sie in letzter Zeit jedoch gewöhnt. Seit dem Tod Vaters vor über drei Jahren habe sie den Eindruck überwacht zu werden, wie wenn sie alle auf der Lauer seien. Gerade heute wieder habe sie das Gefühl, dass man sie von gewissen Dingen fernhalten wolle, ja auch von unbekannten Kontakten abzuschotten. Ob es vielleicht um Erbschaften gehe, um Besitzaufteilungen, fragte ich.

„Nein das nicht, ich bin Alleinerbin gewesen, meine Eltern hatten Gütertrennung vereinbart, Mutter hat Besitz in Oberösterreich, im Mühlviertel. Ich selbst habe keine Erben.

„Kontrollieren Sie den Verwalter regelmäßig, wer entscheidet in finanziellen Fragen?“

„Er lebt nicht schlecht, als mein Angestellter!“ mehr sagte sie nicht, jedoch war Kritik aus ihrer kurzen Antwort herauszuhören.

„In den Wochen vor Vaters Unfall gab es oft Streit zwischen ihm und Mutter, ich war nie unmittelbarer Zeuge der Gespräche, aber es ging sicherlich um Erbschaft. Ich wunderte mich, da ich den Vertrag der Gütertrennung kannte. Auch mit der Frau meines Onkels gab es Auseinandersetzungen, er war damals noch nicht Verwalter, hat aber doch alle betrieblichen Belange wahrgenommen, freilich in Abstimmung mit Vater.“

„Haben Sie nie nach dem Grund der Auseinandersetzung gefragt?“

„Nein, aber einmal hörte ich die Tante erregt sagen, ja sie schrie beinahe, deswegen hörte ich es auch, dass man nicht wissen könne, wie viele ledige Kinder noch auftauchen würden!“

Walburga sprach nicht gleich weiter, wie wenn sie die weiteren Worte überlegen wolle.

„Zwei Tage nach dieser Auseinandersetzung fuhr Vater nach Wien, er müsse bei seinem Notar etwas klären, sagte er zu mir, bevor er ins Auto stieg. Er ist nie in Wien angekommen, einige Kilometer vor Zwettl fuhr er gegen einen Baum, er starb noch an der Unfallstelle. Was er beim Notar gewollte hatte wussten wir nicht.“

„Wurde das Unfallauto untersucht?“

„Nein, dazu gab es keinen Anlass“

Walburga war während sie erzählte merkbar ernster geworden. Obwohl der Unfall mehr als drei Jahre zurücklag, hatte sie den Vaterverlust noch immer nicht überwunden. Es sei ihr zweiter Verlust gewesen, von ihrem Mann habe sie sich nach ihrem Unfall scheiden lassen und dann im Jahr darauf der Vater. Dann sprach Walburga nicht weiter, sie blickte versonnen zum See hinaus, erst nach geraumer Weile wendete sie sich wieder mir zu.

„Ich glaube sie rauchen denselben Tabak wie Vater!“

Wir gingen in das Gutshaus zurück, jedoch in ihre Wohnung im rechten Seitentrakt, sie wollte mich wahrscheinlich nicht den Unfreundlichkeiten ihrer Familie aussetzen. Es war eine hübsche kleine Wohnung, eigentlich bloß Wohnräume, denn Küche und Speisezimmer waren im Mittelteil des Hauses. Eines der Zimmer strahlte eine geradezu typische weibliche Atmosphäre aus, es war ihr intimer Wohnraum, in den sie sich zurückzog, wenn sie allein sein wollte. Auf einem kleinen Schreibtisch standen Familienfotos. Als ich diese betrachtete, nannte sie mir die abgebildeten Personen, und dann sagte sie:

„Das ist mein Vater, Edwin Erler!“

„Edwin?“ fragte ich.

„Wieso fragen Sie, überrascht Sie der Name?“

Ich war wirklich überrascht, denn Edwin Erler hatte eine unverkennbare Ähnlichkeit mit meinem Auftraggeber Edwin Gilbert. Und dann noch die Namensgleichheit. Ich hatte wahrscheinlich in diesem Augenblick meinen Auftrag erfolgreich gelöst. Jetzt müsste ich Frau Walburga sagen, was mich hierher geführt hatte. Ich konnte mich nicht dazu entschließen, und auf einmal wusste ich auch warum, aber das konnte ich schon gar nicht sagen, nicht in dieser Situation.

Ich verabschiedete mich von Walburga mit Empfehlungen an ihre Familie und bedankte mich herzlich für die Gastfreundschaft. Ich müsse zurück in mein Quartier, da ich noch die für Morgen geplante Eisenbahnreise mit dem Frühzug nach Gmünd vorbereiten müsse, sagte ich noch, denn man soll doch vorher wissen, was man sehen wird:

„Sie Detektiv!“ rief sie mir noch nach.

Die Bahnreise war mir spontan eingefallen, einen Reisegrund hätte ich nicht angeben können. Ich wollte mir klar werden, was ich meinem Klienten sagen soll, wo die Grenze des von mir übernommenen Ermittlungsauftrages liege. Ich staunte nicht wenig, als ich am nächsten Morgen Frau Walburga am Bahnhof stehen sah, sie wolle mit mir nach Gmünd fahren, sie wäre schon sehr lange nicht mehr dort gewesen. Nun musste ich mich tatsächlich der Gegend widmen, Aufzeichnungen machen, fotografieren, denn ich musste meine Absicht, für mein Buch Material zu sammeln, deutlich machen. Die fast zweistündige Fahrt auf der Waldviertler Schmalspurbahn wurde kurzweilig, Frau Walburgas treffende Kommentare schreib ich alle auf. Sie staunte über meine Stenografiekenntnisse, da man doch seine Notizen jetzt eher auf ein Diktafon spreche; Handy gab es damals noch nicht.

Wir sahen uns die Stadt an, das sogenannte Palmenhaus und das Stadtmuseum. Nach dem Mittagessen wanderten wir zur Blockheide hinaus und verbrachten dort den ganzen Nachmittag. Ich hatte einen kleinen *Führer durch die Blockheide* in der Trafik gekauft, der uns gut informierte. Wir wanderten durch die stimmungsvolle Heidelandschaft, die Julisonne brannte vom Himmel und löste die bizarren Granitblöcke, die berühmten Wackelsteine, in flimmernde Wesen auf. Wir gingen einen Lehrpfad entlang, als Walburga meinte, dass die pädagogisch sicher sehr lehrreichen Informationen eines solchen Pfades sehr wertvoll seien, aber doch dazu beitrügen, der Heide ihre Mystik zu nehmen.

„Sie müssen die Blockheide im November besuchen, wenn die Nebel die Granitblöcke in Fabelwesen verwandeln, dann werden Sie tatsächlich die Riesen mit den Wackelsteinen spielen sehen!“

„Verändert die Landschaft unsere Wahrnehmung?“

„Ja, dann sehen Sie den Teufelsstein, die Pyramide, den Pilzstein, die Opferschale!“

Ich erzählte Walburga von meinem Besuch in der Lüneburger Heide, von meiner Begegnung mit Hermann Löns. Der wäre doch schon lange tot, gefallen im Ersten Weltkrieg, sie habe Lönsbücher aus Vaters Bibliothek gelesen. Wir wanderten gerade an einer Birkengruppe vorbei, da stimmte ich das bekannte Lönslied an:

Es stehn drei Birken auf der Heide,
Valleri und vallera,

An denen hab ich meine Freude,
Juppheidi heida;
Die Lerche sang, die Sonne schien,
Da schliefen wir bei Mutter Grün.

Drei Birken sind es und nicht sieben,
Valleri und vallera,
Ein schönes Mädchen tat ich lieben,
Juppheidi heida;
Drei Tage lang auf brauner Heid,
Dann war sie aus die schöne Zeit.

Walburga sah mich von der Seite an, mehrmals setzte sie zum Reden an, ohne Worte zu finden. Sie war mit ihren Gedanken woanders, übersetzte sie das Lönslied auf uns beide? Sie hatte wohl nicht mehr auf den Weg geachtet und strauchelte, ich konnte sie gerade noch auffangen und ohne auf ihr Missgeschick einzugehen sagte ich:

„Auch ich bin Löns zuerst in seinen Büchern begegnet, in der einsamen Heide später vielmehr."

Es wurde immer heißer, die Luft schien über dem Heideboden zu stehen und zitterte über den Granitblöcken, sie verzerrte die Landschaft, es wurde trotz des grellen Lichtes mystisch. Es war völlig still um uns, die Julisonne hatte alle Geräusche der Natur aufgesogen. Als wir nach längerem Gehen Rast machten, wir setzten uns in den Schatten einer Gruppe von Fichten, es duftete nach Harz, begann Walburga von sich zu erzählen.

„Ja, ich sehe auch alles in der flimmernden Luft verzerrt, die Bäume und die weit entfernten Steinblöcke erscheinen anders als sie wirklich sind. Es ist alles so unwirklich auf einmal und zur selben Zeit überkommt mich ein Gefühl von Freiheit, von persönlicher Gelöstheit, von Natürlichkeit, von Entspannung und Zwanglosigkeit, wie ich es schon jahrelang nicht mehr gespürt habe. Im Gutshaus meine ich oft zu ersticken, immer die hilfsbereite Umsorgung, die ich allerdings als Beobachtung, oft als Gefangenschaft empfinde. Ich komme kaum noch raus aus dem kontrollierten Umfeld des Gutes, immer begleitet mich wer, heute bin ich geflüchtet, niemand weiß, wo ich bin!"

„Warum lassen Sie sich das gefallen, Sie sind die Gutsherrin, wer will Ihnen da dreinreden?"

„Es war nach meinem Unfall, ich lag wochenlang mit zerquetschtem Bein im Krankenhaus, man hat mir den Unterschenkel abgenommen. Als ich wieder nach Hause kam, wurde ich umsorgt, wieder bemuttert, man hat mich zu einer Hilflosen gepflegt. Auch Vater hatte das in seiner großen Liebe, ja gerade wegen seiner Liebe zu mir nie verstanden. Dann ließ ich mich scheiden. Ich war schwanger als der Unfall passierte, ich verlor mein Kind. Es war schrecklich, mein Mann berührte mich dann nicht mehr, er könne nicht, sagte er, er wisse nicht warum. Es war mein amputiertes Bein, er wollte es nur nicht sagen. Ich erfuhr von seiner Affäre, darauf ließ ich mich scheiden."

„Sie müssen sich von Ihrer Erinnerung trennen, ein ganz persönliches Ziel suchen, das wird Sie von den bösen Schatten befreien!"

„Mit dir habe ich heute zum ersten Mal wieder unbeaufsichtigt, selbständig gehandelt. Oh, jetzt habe ich Sie geduzt!"

„Bleiben wir dabei Walburga, ich bitte dich!"

„Ja, Otto!"

Als wir in die Stadt zurückkamen, waren alle Züge nach Groß Gerungs bereits abgefahren, der nächste ging erst morgen früh. Ich schlug vor, mit dem Taxi nach Hause zu fahren, doch Walburga wollte hier in Gmünd übernachten, das gehöre ebenso zu ihrem Befreiungsschlag, wie ihre nicht angekündigte Abwesenheit vom Gut. Ich verstand sie, sie wollte ihre Selbständigkeit, ihr Selbstwertgefühl zurückgewinnen.

Wir quartierten uns im Gasthof Kohlmayr am Hauptplatz ein. Bei der Zimmerbestellung wollte uns die Wirtin ein Zweibettzimmer geben, was Walburga sofort richtigstellte und zwei Einzelzimmer verlangte. Dabei sah sie mir mit unbestimmtem Blick in die Augen; auch sie dachte an die andere Möglichkeit. Nach dem Abendessen, wir aßen beide Waldviertler Karpfen, saßen wir noch lange am Wirtshaustisch beisammen, der Gesprächsstoff ging uns wahrlich nicht aus. Walburga erzählte von ihrer Arbeit im Gut. Sie hatte Landwirtschaft studiert und steuerte den Betrieb, freilich vom Schreibtisch aus, die Umsetzung oblag dem Verwalter, mit dem es immer öfter Streit wegen nicht befolgter Anordnungen gab. Sie war ihm außerdem schon auf finanzielle Ungereimtheiten draufgekommen. Ich gewann den Eindruck, dass nicht alles reibungslos laufe, besonders jedoch, dass da massive andere Interessen an Walburga vorbei verfolgt wurden.

Sie erkundigte sich eingehend nach meiner Arbeit als Detektiv, von der sie herzlich wenig wusste, ja lediglich das vom Fernsehen vermittelte Bild eines auf Mörderjagd befindlichen Inspektors hatte. Am nächsten Morgen fuhren wir nach Groß Gerungs zurück, wieder mit der Schmalspurbahn. Wir verabschiedeten uns noch am Bahnhof voneinander; ich musste dringend wegen eines anderen Falls zurück nach Wien. Ich versprach Walburga wiederzukommen.

Gleich nach meiner Ankunft in Wien setzte ich mich mit Edwin Gilbert in Verbindung, wir trafen einander bereits am Abend. Ich berichtet von meinen, wie ich sicher annehmen konnte, positiven Ermittlungen, davon dass sein Vater der Gutsbesitzer Edwin Erler vor über drei Jahren bei einem Unfall ums Leben gekommen sei; er war auf dem Weg nach Wien gewesen, um wahrscheinlich eine Erbschaftsangelegenheit zu regeln. Auf dem Foto sah Edwin Erler seinem Sohn Edwin Gilbert zum Verwechseln ähnlich. Es gebe eine Tochter Walburga, die etwas älter sei als er und bei einem Arbeitsunfall ein Bein verloren habe. Was er jetzt zu tun beabsichtige, fragte ich ihn, meine Aufgabe wäre somit erledigt. Da von seiner Existenz wahrscheinlich niemand wisse, wären weitere Nachforschungen, ohne Mithilfe der Familie Erler weder möglich noch zielführend. DNA-Test gab es damals noch nicht.

Edwin Gilbert war offensichtlich zufrieden, ob er die Schwester einmal sehen könne, ohne seine Identität zu lüften, fragte er und betonte abermals, dass er keinerlei Ansprüche an die Familie stellen wolle. Mir selbst war das alles sehr peinlich geworden, ich wurde bezahlt für eine Ermittlung, die nicht ohne eigene emotionale Wünsche zu Ende geführt worden war. Ich hatte den Grundsatz verletzt, keine intime Bindung zu dem Auftraggeber noch zu dem Observierten zu beginnen. Ich hatte noch keine Beziehung, aber meine Gedanken weilten doch zu oft, nein dauernd bei Walburga.

Drei Tage später rief mich Walburga an, sie habe Streit mit ihrer Mutter und auch mit ihrem Onkel und seiner Frau gehabt. Ihre Mutter hatte ihr Vorwürfe wegen ihres für alle unverständlichen Verschwindens gemacht, besonders aber, weil sie mit mir abgereist sei. Man habe ihr ein Verhältnis mit mir unterstellt und sie beschuldigt, mich, den Schnüffler in Familiengeheimnisse einzuweihen. Ich fuhr am nächsten Tag nach Groß Gerungs und stieg wieder im Gasthof am Hauptplatz ab. Walburga bat mich, zu ihr aufs Gut zu kommen, sie wäre allein, die Mutter besichtigte mit dem Verwalter das alte Guts-Sägewerk, das sie verkaufen wollen.

Das Gut lag in der noch immer anhaltenden Augusthitze wie ausgestorben da; die Putzfrau, die mir entgegen kam, sagte, dass Frau Walburga am Teich sei. Ich lief mehr als ich ging zu dem nahen Teich. Walburga im Bikini, lag am Ufer, sie hatte mich nicht so bald nach ihrem Telefonat erwartet. Als sie mich sah, schrie sie leicht auf.

„Bitte nicht hersehen!“ und dabei deckte sie ihren Beinstumpf mit der Badedecke zu.

„Was hast du, Walburga, du musst nichts verstecken. Du bist eine sehr schöne Frau, eine begehrenswert schöne Frau!“

Ich überlegte, ob Walburga mein Kompliment als zudringlich, als Anmache empfinden könnte, aber ich hatte es mit voller Absicht ausgesprochen, gerade weil sie im Bikini war und ihren Beinstumpf versteckte; ich wollte Walburga die Scheu nehmen, von einem Mann als Frau gesehen zu werden. Ich hatte zum ersten Mal ihr am Knie amputiertes Bein gesehen, es hatte mich nicht erschreckt und konnte meine Gefühle für sie nicht mindern. Sie freute sich über mein rasches Kommen. Sie nahm den Bademantel über und auf einen Stock gestützt ging sie zur Holzbank am Teichufer und wir setzten uns.

Und dann berichtete sie von ihren Streitigkeiten. Man hielt ihr vor, sie sei wie ausgewechselt, seit der Detektiv hier gewesen sei. Was er denn wirklich wolle, der käme doch nicht so ohne Grund hierher. Und ein Wort ergab das andere und da erinnerte sich Walburga wieder an die Bemerkung ihrer Tante, wegen der ledigen Kinder und fragte nach. Was sie mit der Frage meine, wurde ihr nun in einem examinierenden Ton entgegengehalten. Nicht sie habe das Thema „Ledige Kinder" aufgeworfen, sondern die Tante und sie frage jetzt, was sie damit gemeint habe. Walburga bekam keine Antwort, nur die Mutter sagte, jetzt sei ihr alles klar, daher wehe also der Wind. Welchen Wind sie denn meine, beantwortete sie nicht.

„Kannst du mir weiterhelfen, du bist doch Detektiv, Otto?"

Jetzt musste ich Farbe bekennen.

„Ja, die Tante hat recht, du hast einen Halbbruder in Wien."

„Du kennst ihn?"

„Ja, er hat mich beauftragt, seinen Vater zu suchen."

Walburga war sprachlos, sie war blass geworden, alle Farbe war aus ihrem Gesicht verschwunden; sie sah mich wütend aufgebracht an.

„Du hast dich also tatsächlich hier eingeschlichen, und ich glaubte einen Freund gefunden zu haben. Geh jetzt, sofort, ich will nichts mehr von dir hören und dich nicht mehr sehen, geh, sofort!"

„Walburga das ist nicht so einfach, lass dir erklären!"

„Nein, geh!"

Sie wandte sich von mir ab, drehte mir den Rücken zu, zog ihren Bademantel fester um ihren Körper und sah zum See hinaus. Ich verließ das Gut und fuhr nach Wien zurück. Ich war traurig, freilich auch ernüchtert, ich hatte so ein Ende unserer Beziehung kommen sehen, ich hatte es nur weggesteckt. Langsam glomm jedoch Hoffnung auf, sie würde sicher mehr über ihren Halbbruder wissen wollen, und der Kontakt zu ihm war ausschließlich über mich möglich.

Ich hatte mich nicht getäuscht, vier Tage später rief mich Walburga an, ob ich bereit wäre, mich mit ihr noch einmal zu treffen, sie könne sogleich kommen. Eine Viertelstunde später läutete es an meiner Tür, es war Walburga. Sie hatte von einer Telefonzelle aus angerufen, sie war schon fast vor meiner Haustür gewesen, als sie mit mir gesprochen hatte.

Wir standen uns nun gegenüber, Walburga war etwas verlegen, ich bat sie ins Wohnzimmer. Bevor sie sich setzte sah sie sich im Zimmer um.

„Du hast schöne Säbel an der Wand hängen, mein Großvater hatte auch seinen Offizierssäbel und seinen Studentenschläger an der Wand, wie hier!“

Sie war offensichtlich bemüht etwas Gemeinsames zu finden, eine uns beide umfassende Atmosphäre anzusprechen und damit unsere alte Vertrautheit wieder zurückzuholen. Ich fragte, was ich ihr anbieten könne, Kaffee oder ein Glas Wein oder Tee, ich fragte nur um etwas zu reden und dabei sah ich ihr ins Gesicht, ihr Mienenspiel zeigte Unsicherheit, vielleicht auch Unentschlossenheit. Da forderte ich sie auf, mit mir in die Küche zu kommen.

„Kochen wir den Kaffee gemeinsam, dann wird er uns gemeinsam auch gut schmecken!“

Walburga lehnte am Küchentisch und sah mir zu.

„Du hast mir mein Selbstwertgefühl als Frau zurückgegeben, jedenfalls dachte ich es bis vor vier Tagen. Ich habe mit dir zum ersten Mal nach dem Unfall wieder getanzt, aber deswegen bin ich nicht zu dir gekommen!“

Da unterbrach ich sie.

„Bitte hör mir zu, bevor du weiter sprichst, vielleicht wirst du dann anders denken!“

Sie sah mich mit ihren großen, fragenden Augen an. Ich trat zu ihr, nahm sie an beiden Händen

„Walburga, ich hab mich in dich verliebt! Und ich weiß, dass du das auch bist, schon in der Heide waren wir es beide.“

„Du, mein Detektiv, du merkst alles!“ sagte sie und dann küssten wir uns. Ich nahm sie auf meine Arme und trug sie ins Wohnzimmer. Walburga strahlte vor Glück, als unsere Küsse stürmischer wurden flüsterte sie

„Nicht jetzt, ich bleibe die Nacht bei dir.“

Ich wusste um ihre Bedenken. Dann tranken wir den Kaffee und Walburga sprach von ihrem Halbbruder, den sie kennenlernen wolle, jedoch nicht gleich, erst später, sie müsse das erst verkraften, die Tatsache plötzlich einen Bruder zu haben, müsse erst in ihrer Befindlichkeit Platz nehmen. Sie würde jetzt, da sie Kenntnis von einem Bruder habe, vieles anders sehen, besonders das Verhalten ihres Onkels und ein bisschen auch das ihrer Mutter. Man habe ihr nach dem Unfall tröstend zu verstehen gegeben, dass sie wahrscheinlich nicht mehr heiraten werde, und dabei alles getan, sie von jedem gesellschaftlichen Leben fernzuhalten. Auch mein Besuch sei aus diesem Blickwinkel beurteilt worden, nicht sosehr die Sorge wegen der Ermittlungen war das Problem, sondern ihr Kontakt zu einem fremden Mann überhaupt.

Auch die Verwaltung habe sie begonnen zu hinterfragen, der Maschinenpark verschlinge Unsummen an Geld und sie habe nicht den Eindruck, dass immer jede Investition wirklich nötig sei. Das Gut verschulde sich zusehends, ohne dass der angekündigte Amortisationserfolg sichtbar sei. Sie fürchte, dass das Gut in den Konkurs getrieben werde, ob mit Absicht wolle sie nicht sagen. Der Verwalter habe schön öfters vorgeschlagen, bestimmte Wälder zu verkaufen, und hätte auch gleichzeitig einen Käufer an der Hand gehabt. Die Mutter blicke da nicht durch, habe jedoch zum Verwalter, dem Sohn ihrer Schwester, unendliches Vertrauen.

Walburga wollte, dass ich ihr bei der Überprüfung helfen möge, doch sah sie ein, dass das nicht Aufgabe eines Detektivs sein könne, da die fachlichen Voraussetzungen fehlen. Ich könne ermitteln, ob bestimmte Kontakte bestehen, aber nicht inhaltlich, das solle sie einem Wirtschaftsprüfer übergeben. Ich könne jedoch den Kontakt zu einem vertrauenswürdigen Prüfer vermitteln. Noch am selben Tag sprachen wir in der Kanzlei eines Prüfers vor, mit dem ich schon einige Male zusammengearbeitet hatte.

Anders lag die Sache mit Walburgas Halbbruder. Ich erzählte ihr ausführlich von meinen Ermittlungen, die mit ziemlicher Sicherheit die Vaterschaft Edwin Erlers beweisen würden. Allerdings sollten wir noch den Notar aufsuchen, den ihr Vater am Unfalltag besuchen wollte, und vielleicht gebe es auch Aufzeichnungen aus dieser Zeit. Walburga wollte in ihrem Büro nachsehen, in dem noch viele Akten ihres Vaters aufbewahrt wurden und auf die der Verwalter praktisch keinen Zugriff habe.

Walburga wurde fündig, zu unserem nächsten Treffen brachte sie die Terminkalender der letzten Jahrzehnte mit. Das erste Indiz der Vaterschaft, war eine Anmerkung an Edwin Gilberts Geburtstag. An diesem Tag hatte er in den

Kalender nur den Namen Edwin geschrieben und diesen unterstrichen, daneben stand eine Uhrzeit, es war die Geburtsstunde seines Sohnes. Das zweite Indiz waren Aufzeichnungen seiner Reisen nach Wien. Die Daten dieser Reisen, wenn auch nicht aller, korrelierten auf den Tag genau mit den von Frau Gilbert eingetragenen Einnahmen unter der Bezeichnung „Zahlung“ in ihrem Haushaltsbüchern. Edwin Erler hatte also sicher die Zahlungen persönlich übergeben, sein Kontakt zu Frau Gilbert war nie abgerissen. Edwin erinnerte sich, dass seine Mutter öfters auf kurzen ein bis zwei Tage selten länger dauernden Reisen gewesen war, wie Autobusfahrten, Schiausflügen oder Messebesuchen, jedoch nie von den Sehenswürdigkeiten dieser Reisen gesprochen hatte, auch fanden sich keine Angaben über die Reisekosten dieser Kurzreisen in ihren Haushaltsbüchern.

Auch den Notar machte Walburga unschwer ausfindig, er war sozusagen der Familiennotar, sie besuchte ihn mit mir gemeinsam. Der Notar erinnerte sich an den angekündigten Besuch seines Klienten Erler und auch daran, dass er nicht erschienen war. Er blätterte lange in seinen alten Terminkalendern und fand das Datum, es war der Unfalltag, der Todestag von Walburgas Vater. Auch an eine Dame, die von Herrn Erler zu diesem Termin in seine Kanzlei bestellt war, die über zwei Stunden auf ihn gewartet hätte, aber dann gegangen wäre. Wer die Dame gewesen sei, wisse er nicht, auch nicht, was Herr Erler mit der Dame hier in seiner Kanzlei besprechen wollte.

Es war eine lückenlose Aufklärung der Abstammung meines Klienten. Völlig im Dunklen blieben die Beweggründe, warum Edwin nie den Namen seines Vaters erfahren sollte und auch die spätere Beziehung des Liebespaares blieb im Dunklen. Offenbar wollte Erler seinem ledigen Sohn oder seiner Mutter etwas zukommen lassen, anders könne der Termin beim Notar nicht verstanden werden.

Einige Wochen nach diesen Ereignissen arrangierte ich das Zusammentreffen Walburgas mit ihrem Bruder in meiner Wohnung, das heißt in dem als Kanzlei eingerichteten Raum meiner Wohnung. Ich wollte das erste Treffen nicht zu sehr mit meiner Person in Verbindung bringen.

Walburga war schon anwesend als Edwin in die Kanzlei kam, sie stand auf und ging ihm zwei Schritte entgegen.

„Grüß Gott Frau Erler!“ Daran dass Walburga nicht mehr Erler hieß, dachte er nicht, ihren Vornamen gebrauchte er allerdings auch nicht, er war sichtlich aufgewühlt.

„Grüß dich Edwin“ und als sie sah, dass er rot wurde „ich musste mich auch überwinden, dich mit Edwin anzusprechen, es ist doch der Name meines Vaters, unseres Vaters, Edwin!“

Sie umarmten sich und küssten sich auf die Wange. Die bange Ungewissheit war für beide zu Ende, das Eis war gebrochen. Ich ließ nun beide allein. Erst nach über zwei Stunden kam Walburga zu mir in die Küche, holte den mitgebrachten Kuchen, den sie selbst gebacken hatte und ich kochte Kaffee, und dann plauderten wir noch lange im Wohnzimmer. Wir wären in der langen Zeit meiner Ermittlungen vertraut geworden, deswegen würden wir uns duzen, erklärte Walburga, von unserer Beziehung sprachen wir nicht.

Die Recherchen des Wirtschaftsprüfers führten zur Entlassung des Verwalters. Meine Ermittlungen waren damit abgeschlossen!

* * *

„Was ist aus Frau Walburga geworden, sind sie noch in Kontakt mit ihr“ fragte Elke „das war doch nicht ein Ermittlungsbericht allein?“

„Ja und nein, ich habe auf Wunsch beider Beteiligten keinen Bericht geschrieben. Edwin hilft seiner Schwester in fachlichen Belangen, auch Walburgas Mutter hat ihn akzeptiert, er ist oft bei seiner Schwester, im Gutshof hat er eine eigene Wohnung.“

„Und Walburga selbst?“

„Walburga heißt jetzt Quast, wir haben zwei Söhne. Es war die erfolgreichste Ermittlung meines Detektivlebens. Zum nächsten Treffen lade ich Euch nach Groß Gerungs ein, dem Schauplatz meiner Ermittlungen.“

„Vorher werden wir uns jedoch in Pulkau zur Lönsfeier treffen, heuer jährt sich sein hundertster Todestag“, warf Herr Riemann ein. „da müssen wir unbedingt zur Feierstunde am Lönsstein kommen. Besonders freue ich mich auf das Zusammensein nach der Feier im Gasthaus. Vielleicht kann der eine oder andere von uns dort seine Geschichte, die er oder sie uns hier erzählten auch dort berichten. Unsere Erzählungen atmen doch alle den Geist Hermann Löns, ohne ihn hätten wir uns doch kaum kennengelernt und würden auch nicht hier zusammen gekommen sein.“

Bücher von Bodo F. Hagen im Re Di Roma-Verlag

Bodo F. Hagen
Beherrschen Sie sich doch – *Aus dem Leben dreier Frauen*
280 Seiten, ISBN 978-3-86870-641-3

Eigentlich sind es Geschichten aus dem Leben dreier Frauen, die bei aller Verschiedenheit doch mehr gemeinsam haben, als man auf den ersten Blick vermutet. Die Bezeichnung Roman ist daher gerechtfertigt. Da ist die verheiratete Franka, der es mit Hilfe des Ich-Erzählers nach mancherlei Schwierigkeiten gelingt, ihrer Ehehölle zu entkommen. Yvonne ist die erfolgreiche Intellektuelle, die es vorübergehend genießt, sich ihren Gefühlen hinzugeben und eine liebende Frau zu sein, aber letzten Endes doch dem Beruf gegenüber der Familie den Vorzug gibt und schließlich Anna-Katharina, die erst auf mancherlei Umwegen zum wahren Glück findet.

Der Erzähler ist der jeweilige Partner der betreffenden Frau. Im Mittelpunkt aber stehen immer die Frauen selbst und ihre Beziehungsprobleme. In allen drei Geschichten stellt Bodo Hagen das modernistische Frauenbild ebenso in Frage wie die traditionelle Vorstellungswelt des bürgerlichen Mannes.

Hagens Sprache verzichtet bewußt auf überflüssige Schnörkel und anderes pseudointellektuelles Beiwerk. Er ist ein Autor, der spannend erzählt und gleichzeitig komplizierteste Verhältnisse in klarem, gut lesbarem Deutsch dem zeitgenössischen Leser nahebringt. Vorsicht! Keine Bettlektüre für Emanzen!

Die Umschlagillustration ist von dem bekannten Innviertler Künstler Odin Wiesinger.

Bodo F. Hagen
Scheidung, und was dann?
Das Leben nach der Scheidung
ISBN 978-3-86870-676-5
Re Di Roma-Verlag
Erscheint im Frühjahr 2015

Die Scheidung nach einer langjährigen Ehe ist für beide der Beginn eines völlig neuen Lebensabschnittes. Keiner der beiden kann die Erinnerung der Ehejahre einfach wegstecken und eine neue Beziehung hat andere Voraussetzungen, als die eben beendete Ehe. Welche Erwartungen hat der Partner, der die Ehe verlässt und welche Zukunftspläne der zurückgelassene Partner? Der Roman erzählt wie die geschiedenen Ehepartner mit ihrer neuen Situation umgehen und jeder versucht, eine neue Lebensgemeinschaft aufzubauen.